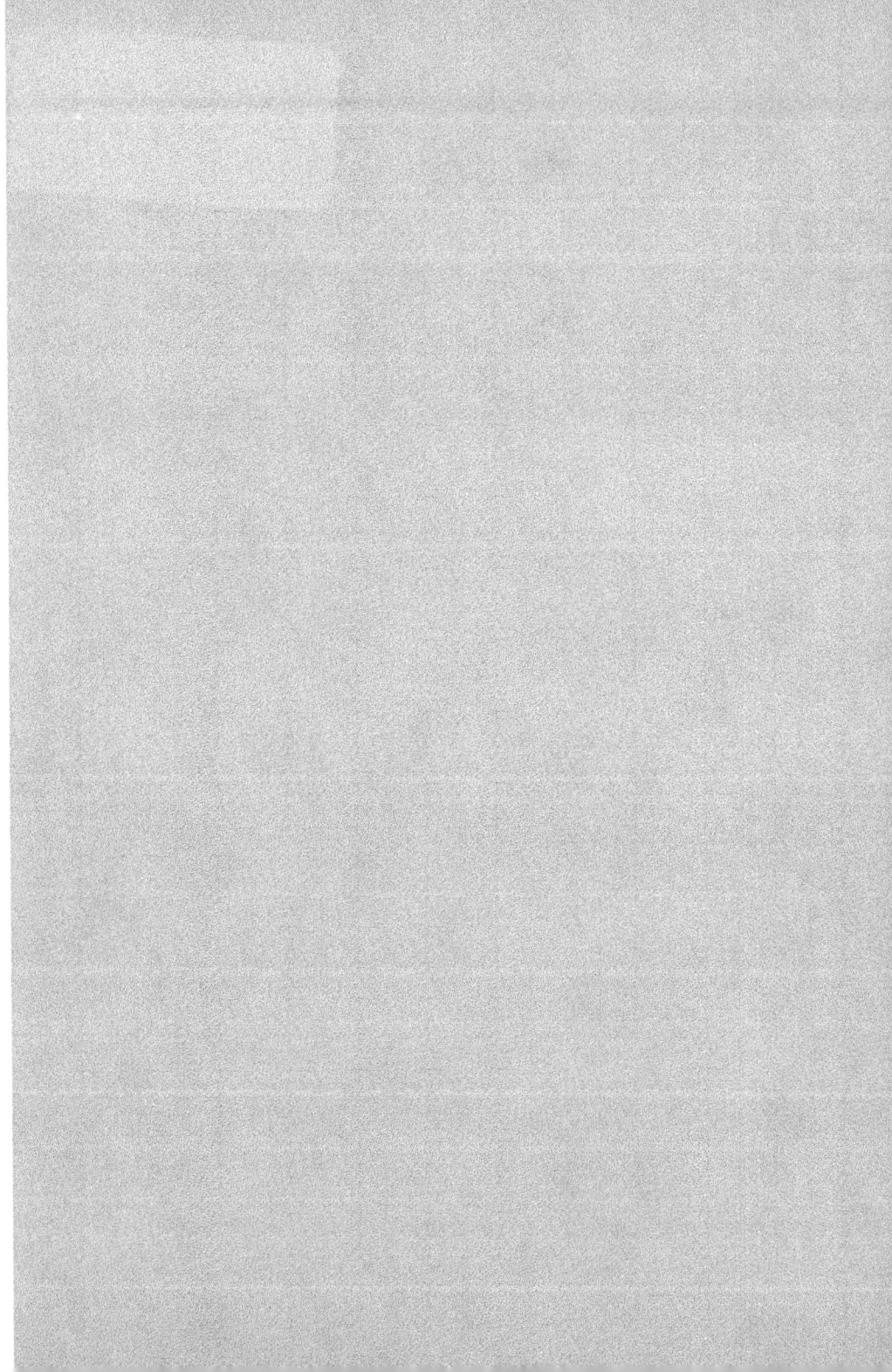

*„Ať přimý kontakt obohatí nejen tvé podnikání,
ale i tvůj život."*
Alexander Riedl

www.2beknown.de

Tato publikace představuje komplexní popis 2BEKNOWN – metody. V tomto směru je jedinečná. Slouží jako základní dílo a příručka pro navazování kontaktů. Doporučuje se jak začátečníkům, tak pokročilým.

Spoluúčinkující:

- **Rainer von Massenbach** a **Tobias Schloser** jsou zakladatelé této metody. V knize najdete mnoho poznatků a osobních zkušeností obou autorů k tématu „přímý kontakt."

- **Alexander Riedl** Je producent a vydavatel této knihy.

- 8.000 oslovených a zkontaktovaných osob, jejichž reakcí bylo možno tuto metodu rozvinout.

- Účastníci našich seminářů a pracovních setkání, kteří přispěli značným podílem na vzniku této metody.

OBSAH

2BEKNOWN-METODY

ČÁST 1

ČÁST 2

PŘEDMLUVA

Váš úspěch nebude zaručen, jestliže se nenaučíte navazovat kontakty s lidmi vždy a všude.

Získal jsem Váš zájem?

Výborně! Protože navazovat kontakty v odbytu a prodeji je velmi zajímavé téma. Kdybyste se s mým názorem neztotožnili, nedrželi byste nyní v rukou tuto publikaci.

Pokud chcete mít ideální postavu, potřebujete dobrý tréninkový plán. Jestliže chcete postavit dům, potřebujete stavební plán. A co udělat, pokud se chcete naučit kdykoli a kdekoli získat nové obchodní partnery? Metoda 2BEKNOWN je osvědčený a tisíckrát vyzkoušený plán, jak se tuto schopnost naučit.

Není žádným tajemstvím, že Rainer von Massenbach a Tobias Schlosser jsou veličiny v oblasti přímého kontaktování. Díky jejich zkušenostem se na ně obracejí i další obchodní partneři s dotazy, jak jejich systém funguje? Proto začali tuto techniku neformálně školit. A tak v krátké době mohou tuto metodu přímého kontaktu používat i další podnikatelé.

Tato publikace nebyla psána proto, abyste ji po přečtení odložili. Považujte ji spíš za pracovní příručku a průvodkyni. Označte si místa, která považujete za důležitá. Je možné, že z počátku nebudete všemu rozumět, nebo se vám některé návody budou zdát nelogické. Přesto si je vyzkoušejte. Když budete denně trénovat a neustále se vylepšovat, naleznete nové možnosti navazování kontaktů a vše se samo vyjasní.

Tato brožura slouží jako doporučení a věrný průvodce jak se této metodě přiblížit.

ZAKLADATELÉ 2BEKNOWN - METODY:

Rainer Gemmingen Freiherr von Massenbach

Jako potomkovi šlechtické rodiny, mně byla předurčena klasická cesta vývoje. Studovat práva a později pracovat jako právník nebo strategický podnikatelský poradce pro mě ale nepřicházelo v úvahu.

Již krátce po maturitě zkřížil plány mé tradičně uvažující rodiny „dobrodružný strukturální prodej".

Pro kariéru ve finančních službách si mě neobvykle, ale velmi přímým způsobem získal poradce a současně přítel, Tobias Schlosser.

Motivován možnostmi a mým zjevným podnikatelským talentem, jsem měl již v mládí velké úspěchy ve finančním podnikání.

Díky mému nekonvenčnímu způsobu se kdekoli a kdykoli seznamovat s lidmi a navazovat s nimi kontakty a díky stálému rozvíjení této mé schopnosti se můj podnikatelský tým stále rozrůstal.

Takto motivován, moje zkušenosti a odborné vědomosti z této doby předat na další zájemce, vznikla myšlenka založit firmu 2BEKNOWN.

Zde jsem se stal specialistou neobvyklého myšlenkového přístupu network (síť, systém) v širším slova smyslu a vášnivým profesionálem komunikativního systému.

Tuto vášeň Vám přeji i pro splnění vašich životních cílů.

Váš Rainer von Massenbach

„*Každý kdo ovládá schopnost, seznamovat se s lidmi vždy a všude, se ve svém životě nemusí obávat finančních obtíží*"

Rainer von Massenbach – 2BEKNOWN

Tobias Schlosser

V Lipsku, kde jsem vyrostl, jsem začal jako fyzikální léčitel ve zdravotnictví a fitness studiu sbírat první zkušenosti v oboru komunikace a motivace s lidmi.

Během mého studia psychologie jsem měl možnost navázat první kontakty v podnikání, což podnítilo moje rozhodnutí sám se hlouběji zabývat činností strukturálního prodeje. Po začátečních těžkostech s již ustálenými metodami se začal můj obchod pozitivně rozvíjet. Po získání mých prvních spolupracovníků jsem v sobě objevil vášeň pro skupinové rozšířování a zde obzvláště pro profesionální a stylové kontaktování, tak jako oslovení potenciálních obchodních partnerů technikou přímého kontaktu.

Toto Know-How jsem kultivoval a stále více vylepšoval v nepočetných rozhovorech. Tím jsem se dostal do situace vybudovat úctyhodné množství skupin během své činnosti v Lipsku i jako představený v Mnichově.

Během této doby jsem velmi motivován rád předával svoje speciálni zkušenosti svým kolegům. Rychle jsem si tak udělal jméno jako profesionál v kontaktování a referent na téma ‚Získání nových spolupracovníků.'

Mého přítele a obchodního partnera Raienera von Massenbach se mi rovněž podařilo získat pro tento obchod metodou přímého kontaktu. Tím jsem položil základní kámen pro úspěšné obchodní partnerství a zároveň již 6ti leté trvalé přátelství.

Tato činnost a vášeň, umět lidi vždy, všude a co nejkratší cestou oslovit, je základ pro dnešní seminář a koncept firmy 2BEKNOWN.

Vyzkoušejte si to! Důvěřujte si!

Váš Tobias Schlosser

„Když nedokážete upozornit lidi na své podnikání a přesvědčit je o svých schopnostech, pak nejste na správném místě"
Tobias Schlosser – 2BEKNOWN

PŘÍMÝ KONTAKT

Kontakt s neznámými, přímé oslovení, rekrutování nebo chcete-li "náborování", jsou hesla se kterými se budete setkávat stále častěji. Dosud však neexistuje z důvodu různých odvětví a uživatelů žádná jednoznačná definice pro tento pojem.

Touto metodou jsme se zabývali velmi intenzivně, abychom ji pro vás co nejvýstižněji definovali. Pro strukturální obchod (Multi level marketing = MLM systém) tedy platí :

Přímý kontakt vám umožní vždy a všude s radostí a na úrovni se seznámit s novými obchodní partnery. Jedná se zde o naučitelnou sociální schopnost, která se skládá ze schopnosti jak v různých situacích lidi nejkratší cestou nekonvenčně oslovit, tyto pro váš obchod/produkt nadchnout a při oboustranných zájmech si nakonec vyměnit kontakty.

Umět navázat kontakt s lidmi, kteří vás obklopují je jedna ze schopností, která natrvalo změní váš život. Až oslovíte první osoby a budete pozorovat jejich reakci, vyvstane po čase vzorec, který vám umožní vyzkoušet nové věci a výsledky výrazně vylepšit. Tím vzniknou automaticky nejen obchodní, ale i cenné osobní kontakty. Neboť ne každý se hodí pro obchod nebo nemá zájem se nově přeorientovávat. Přesto však někteří působí sympaticky a zajímavě, až se z toho vyvine dobrý osobní kontakt.

A je úplně jedno, jaký druh obchodu provozujete nebo co, či koho hledáte. Jestliže si lidi pro svůj záměr získáte a nadchnete, úspěch bude zaručen!

Mnoho lidí, kteří naši metodu 2BEKNOWN používají, informují mimo jiné i o zcela nových možnostech, vytvořit si svoje sociální okolí.
Ať je tým 2BEKNOWN Váš poradce a pomocník při procesu výuky této metody.

„Tato schopnost, osoby oslovit přímou cestou, má hodnotu milionů!"

Majitel jedné firmy, pro kterou exkluzivně pracujeme.

ZROZENÝ KONTAKTÉR

Přímý kontakt je vlastně zcela přirozený postup. Představte si, že sedíte v kavárně a vedle vás sedí optimální kandidát pro váš obchod. Pijete kávu a relaxujete. Po krátké době se vyvine zcela uvolněný hovor o všem možném. Vy vyprávíte o svém obchodě a najednou je tady zájem. Vyměníte si informace o sobě a odcházíte z kavárny s jeho telefonním číslem. Postřehli jste to? Právě jste navázali přímý kontakt.

Ale jak často se něco takového stane? Jednou za týden? Jedenkrát měsíčně?

A přesně o tohle jde nám v 2BEKNOWN. Přímý kontakt Vám umožní tuto situaci uplatnit 10x denně.

Zcela na počátku si musíme uvědomit: přímý kontakt není univerzální lék na vaše problémy! Ani Rainer von Massenbach či Tobias Schlosser se s tímto darem nenarodili. Další fakt je: sotva někdo, kdo si myslí, že je schopen přímým kontaktem získat nové spolupracovníky, to opravdu umí. Většinou zde hraje roli uražená pýcha nebo velké ego.

Každý umí někoho oslovit. A když to situace dovolí a náhoda tomu chce, dostane člověk i telefonní číslo. Vždyť většina pracovníků v prodeji si vůbec není vědoma, jak přímý kontakt na vysoké úrovni vypadá, nemluvě o tom, jak jej hodnotně prosadit. Nikdo nerad přizná, že nezvládá tu nejpřirozenější formu kontaktu, totiž „od člověka k člověku."

2BEKNOWN-METODA

ČÁST 1
VZNIK 2BEKNOWN - METODY

Existují lidé, kteří za každých okolností vždy a všude umí komunikovat. Mají na rtech stále nějaký pohotový výrok, vždy nějakou zajímavou historku k vyprávění. Tito lidé budou mít v životě vždy úspěch. Jsou zajímaví, člověk je rád poslouchá a život těchto lidí se zdá být napínavější než všechny James Bond filmy dohromady. Ale Rainer von Massenbach nebyl jeden z takových. Byl to spíše takový bojácný člověk, který stál na večírcích vždy někde v rohu s kolou a vypadal jakoby třídění zápalek byl jeho koníček.

Typ antiobchodníka s kalhotami, jakoby „čekal velkou vodu". Typ, který je vše, jen ne extravagantní kontaktér s množstvím žen na své straně. Od spodního konce řetězce bylo v té době ještě mnoho místa směrem nahoru. Komunikovat s lidmi nebo jenom myšlenka někoho oslovit bylo mimo jeho představivost.

Tenkrát si nikdo nemyslel, jak výrazný vývoj má před sebou tento nenápadný, nevýrazný, mladý muž.

Přesto jednoho dne, když už se skoro smířil se svoji situací, se vše změnilo. Tobias Schlosser se právě přestěhoval z Lipska do Mnichova, poté co tam ztratil celý svůj obchodní tým.

Se 100,- € v kapse, 2 obkleky, 3 spodky, 4 košilemi a černým mercedesem E-Klasse dosáhl svého cíle.

Kdyby býval tenkrát vyslyšel svou rodinu a přátele, nikdy by tento krok nepodstoupil a po cestě do Mnichova by nejméně 10 x otočil. Přesto se již v prvním týdnu uskutečnilo první setkání, které vůbec nevypadalo jako začátek plodného obchodního vztahu.

Extrovertní, vysoce motivovaný „obchodně kontaktovací stroj," urostlý muž sportovní postavy, narazí na nesmělého vystrašeného žáka s tělem křečka. I přes tento nepoměr si vymění čísla mobilů a dohodnou se na termínu schůzky.

Zbytek je už obchodní příběh.

Tobias Schlosser popisuje svůj první den v Mnichově takto:

„Slunce, léto, krásný den" – a já sedím ve svém mercedesu na dálnici směr Mnichov. Nové město, nové štěstí, myslím si.

Svůj mobil jsem blbec nevypnul, a tak jsem byl vystaven věčnému volání mé rodiny a přátel. Všichni se chovají tak, jako kdybych se rozhodl vystěhovat se na severní pól prodávat klimatizační zařízení eskymákům: „ ty jako dederák nebudes bavorštině rozumět ani slovo" a „odbytiště v Mnichově je už přesycené, „nemáš tam žádné kontakty" nebo také „v Mnichově platí jiné zákony." To je jen pár vět, které se na mne nepřetržitě řítí. Odhodlaně šlápnu na pedál a zapudím negativní myšlenky.

Jestě na kraji Mnichova, přímo na výjezdu z A 9 udělám u benzinové pumpy můj první kontakt.

Typ v elegantním obleku a kravatě tankuje právě svoje nablýskané Audi A 8....

„Dobrý den, nejste náhodou z Mnichova nebo okolí" ptám se a doufám, že mi přes můj lipský dialekt porozumí. „Ano" odpoví a mně se uleví. Tak a teď to začne, myslím si: a vydám ze sebe všechno

Já: „Víte, právě jsem dorazil do Mnichova a hodlám zde v příštích týdnech rozšířit můj obchod. Vy vypadáte, že jste již ve svém podnikání úspěšný. Smím se zeptat, co děláte?"

On: „Jsem architekt na volné noze."

Já: „Na volné noze? …. Super. Já pracuji převážně s podnikateli. Proto bych se vás rád zeptal, jestli máte zájem o nové obchodní příležitosti?"

On: „Ano, ale co vlastně dělate?"
        Vyndal jsem mou vizitku…..

On: „Ach, pojistění!"

Já: „Ano, rozšiřuji tady novou pobočku a hledám specielně lidi s kvalitami na vedoucí místa. Já osobně jsem zodpovědný za obchodní koordinaci, vedení spolupracovníků a velké zakázky. Měl by jste zájem o dobrou pracovní nabídku?

On: Smějíc …. „No sice nevím o co přesně jde, ale popovídání nic nestojí."

Já: „No jistě, tady je moje vizitka, můžeme si někdy zavolat. Máte taky vizitku?"

On: „Samozřejmě."

Vyměníme si vizitky a já řeknu: „jsem teď dva dny ve Štutgartu. Až se vrátím zpět do Mnichova, ozvu se Vám a můžeme se sejít."

On: „Velmi rád"

Já: „Na shledanou"

Po tomto rozhovoru si myslím: tak a teď existuje v Mnichově nová buňka.

Další oslovení následuje v Mnichově, Leopoldově ulici. Autem doprava, okénko dolů.... „Dobrý den, můžete mi pomoct?"....

Ještě před tím, než se ozvu svému dobrému kolegovi v Mnichově, mám 25 nových potenciálních partnerů na pohovor a jejich telefonní čísla. A pak, že je trh přesycený. Jestliže takhle vypadá přesycený trh, měli by jet všichni do Lipska.

Když dorazím do kanceláře svého zpřáteleného kolegy v Mnichově, je mi jasné, že jsem trefil do vosího hnízda. S úsměvem na tváři přede mě postaví šálek kávy a ptá se? „A?" Povídám: „ zrovna jsem dal dohromady 25 telefonních čísel!"

Jeho kolegové, kteří jsou zrovna přítomni, nevěří svým očím. Jednomu z nejlepších vedoucích pracovníků skoro vypadne sousto z pusy. Ze všech stran na mě zírají nevěřící oči, jako bych byl nějaký mizozemšťan.

V příštích dvou dnech dostávám přímým kontaktem 50 dalších telefonních čísel od potenciálních kandidátů na pohovor a čtvrtý den po mém příjezdu do Mnichova začínám s náborem nových obchodních partnerů.

Od toho okamžiku mám denně 8-10 pracovních schůzek a po zcela krátké době jsem opět obnovil úctyhodný tým spolupracovníků. A to jen DÍKY „PŘÍMÉMU KONTAKTU."

Raineru von Massenbach a Tobiasi Schlosserovi se podařilo během 2 let vybudovat tým pro finanční strukturální obchod s více jak 120 aktivními zprostředkovateli, a dalšími opěrnými body. Ptáte se, jak se to podařilo? Jednoduše – přímým kontaktem.

Tobias Schlosser se již v Lipsku díky jeho odbornému poradci naučil základní tahy přímého kontaktu. Společně s „Reeenou" (východoněmecky pro Rainer) rozvinuli přímý kontakt v tisících oslovení a kontaktování.

Byly zachyceny staré aspekty a zkušenosti, k tomu přidány nové poznatky, staré návyky zavrhnuty. To vše se dělo přirozeně s cílem vybudování vlastního obchodu. Stále více lidí se ve vlastní firmě ptalo na tipy, triky a nové techniky pro vlastní podnikání, což se brzy týkalo i dalších firem.

Vznikly malé jednotlivé tréninky a workshops s několika uchazeči. Byly sestavovány seznamy a resumé, až jednoho dne padlo rozhodnutí: „ z toho všeho vytvoříme naši hlavní činnost. Naši metodu se může naučit každý a pak bude mít v ruce ten nejlepší nástroj k získání nových spolupracovníků. Vždy a všude. Zábavnou formou a na úrovni." Metoda 2BEKNOWN je vystavena neuvěřitelné dynamice.

Každý, kdo se touto metodou učí přímý kontakt, děla stejné kroky. A přece nakonec každý rozvine svůj vlastní styl. V početných praktických cvičeních je vždy zábavné sledovat, jak se různé triky a osobní svéráznosti vyvíjejí. Například Tobias Schlosser si před každým kontaktem odkašlává, Rainer von Massenbach se proti tomu hlásí jako ve škole, než řekne první větu.

VÁŠ ULTIMATIVNÍ ÚKOL V ODBYTU

OVLIVNĚNÍ RŮSTU A OBRATU

VAŠE HLAVNÍ DISCIPLÍNY V ODBYTU :

PRODEJ   VYBUDOVÁNÍ SÍTĚ SPOLUPRACOVNÍKŮ

Prodej: Prodej je základ každého odbytu. Bez prodeje neudáte zboží a nebudou se vytvářet žádné hodnoty. Bez prodeje nevyděláte žádné peníze.

Vybudování sítě spolupracovníků: Nábor a úspěch vámi používanou metodou rozhodne o tom, zda váš tým poroste nebo se zmenší. Každý, kdo nepoužije nějaký systém je vystaven náhodnému rozkvětu nebo zkáze.

Neboť jedno je jisté: Každý druh odbytu je dynamický obchod a podléhá stálému sebeočišťování a reorganizací. Trvalý a rychlý vzrůst dosáhnete jen stálým náborováním nových spolupracovníků. Toto by mělo být děláno systematicky a mnohonásobnou metodou..

Zatímco v MLM a strukturální odbyt zažíval v minulosti konjunkturu úzkého rozšiřování a mířil do hloubky, se trend v dnešní době otočil.

Ploché, zato ale rozšířené struktury přinesou jak větší příjem, tak i větší jistotu. Právě proto by se měli i tzv. „ostřílení zajíci" zabývat tématikou přímého kontaktu pro získání nových spolupracovníků a nechat se ovlivňovat touto novou technikou.

Samozřejmě to neplatí pro všechny druhy systémů, ale obchod a nábor se prolínají stále více dohromady. Existuje mnoho výjímečně dobrých obchodníků, kteří dosáhnou úspěchu u zákazníků téměř 90%. A taky vedoucí síly, které můžeme nazývat díky jejich emocionální inteligenci jako „bohy zaškolování". Ale přesto mnoho z nich ztroskotá na jednom problému, který nechá ostatní věci nevýznamnými a malichernými: Nedostatek potenciálu!

Top-prodavač nemá stejně tak bez kontaktu se zákazníky úspěch, jako top-vedoucí, jehož početní stav týmu se blíží nule. Bez dostatečného potencionálu, bez kontaktů, bez údajů o budoucích zákaznících nebo spolupracovnících je každý pokus o dobrý prodej produktů už předem ztracený.

TREND BUDOUCNOSTI JAKO ARGUMENT PRO PŘÍMÝ KONTAKT

Jeden student zná dalšího studenta, ten zase jiného ......Znáte to přece.....

Základní hypotéza, ze které vycházíme je, že každý jedinec má kontakty ve stejné sociální sféře. Když dostaneme od někoho, kdo není vhodný pro náš obchod doporučení, stoupá tím pravděpodobnost, že i doporučená osoba nebude vhodná.

Většina doporučení vzniká degresivně. Když se zeptáte nějaké osoby na doporučení a my roztřídíme její okolí na kontakty A, B a C, přičemž A odpovídá nejvyššímu a C nejnižšímu sociálnímu statusu, tak vzniká velká pravděpodobnost, že dostaneme doporučení, která jsou hodnocena na B a C.

To se stane většinou z vlastní sebeobrany. Jestliže přesvědčení pro věc není 100 %, budou nejdříve využívány a dál doporučeny méně hodnotné kontakty. To my ale přece nechceme. Jde o to náborovat „nahoru" a ne „dolu", abychom byli úspěšní. Tato problematika klesajícího řetězce doporučení odpadne v přímém kontaktu, protože si tyto lidi sami vyhledáte.

Rainer von Massenbach popisuje svoji výchozí situaci.

„Nikdy jsem nebyl optimální spolupracovník pro strukturální obchod. Ani ve škole jsem nebyl nikdy žádný vůdce a také soukromě ne ten, kterého musíte zvát na večírky, tak byl můj okruh známých velice malý. Moje sociální kontakty bylo jen pár spolužáků, kteří představovali můj jediný jmenný potenciál. U těchto žáků jsem uskutečnil moje první rozhovory. Avšak žáci není zrovna cílová skupina, která má zájem o životní pojištění. Ti znají jen sobě rovné a po několika rozhovorech jsem nasbíral spoustu nepotřebných doporučení.

Věděl jsem: Doporučení je jediná možnost, jak přijít k potenciálu. Co mi u toho vadilo bylo to, že jsem vždy vystupoval jako prosebník. Ne jako někdo, kdo nabízí, ne, já jsem vyloženě žebral o jména.
Další ještě méně úspěšná alternativa bylo namátkové telefonování. Moje kvóta byla mizerná. Lidé, kteří k nám přišli do kanceláře byli většinou

bez peněz a já jsem měl vždy pocit, že šance, které jim nabízím je pro ně poslední stéblo, kterého se mohou chytit. Většina těchto lidí si nemohla finančně dovolit ani základní seminář.

Upřímně řečeno: tito lidé měli ještě horší postavení než já. Takže žádná optimální cílová skupina. U mých kolegů jsem viděl jak přímý kontakt funguje. Ale mně jednoduše chyběla odvaha někoho oslovit.

Až Tobias Schlosser pro mě našel řešení. Díky němu jsem se naučil první kroky.
Jeho tvrdé tréninkové metody u mě začaly fungovat. Ale dá se to vždy takhle praktikovat?

Moje vlastní kariéra začala následovně.
Jednoho dne jsem stál s Tobiasem v jedné bance. Naproti se opírala o automat velice atraktivní obchodnice. Oslovit takovou ženu by mi dříve nikdy nepřišlo ani na mysl.
Tobias šel jednoduše k ní a řekl. „Dobrý den, můj kolega by k Vám měl jednu otázku?" Pak se otočil ke mně a nechal mě tam jednoduše stát samotného. V tom okamžiku mi spadlo srdce do kalhot. Dnes už nevím, co jsem jí tenkrát v rozrušení řekl. Když jsme vyšli z banky, pokračovalo se. Stejná hra, nové štěstí.
Touto cestou, jsem se učil navazovat kontakty. Ale byl tu jeden problém. Tyto metody se nedají násobit. To nezvládne mnoho nových spolupracovníků v tomto oboru. Takže se musela vynalézt metoda, která naučí každého člověka navazovat kontakty."

V budoucnosti se bude tento trend ještě stupňovat. Takzvaný „Cocooning", uzavřít se do ulity, ústup z veřejnosti, ztenčení dobrých sociálních kontaktů a omezení na menší, ale intenzivnější vztahy zůstávají. Sociálně-síťové stránky v internetu podporují tento trend, protože se zde může lehce udržovat kontakt bez vynaložení většího času. V budoucnu se octneme stále častěji v situaci, kdy si sami určíme s kým se budeme kontaktovat a s kým ne. Stále rozšířenější symptom tohoto uzavření se je, že se nereaguje na telefonáty, které se objeví na mobilu bez čísla.

Názor Rainera von Massenbach k tématu „Cocooning" a reklama:

Genialita při kontaktování cizích osob spočívá v tom, že se mi podaří všechny lidi získávat novou cestou. Každý den jsem zaplavován reklamou, již ráno nacházím na své mejlové adrese 20 spamů. Když nastoupím do auta a zapnu rádio, běží již reklama a plakáty na cestě do práce mě skoro umačkají. Dokonce na věcech denní potřeby (hrníčky, tužky, zapalovače) je vytištěná reklama.

Získat úspěch tímto způsobem reklamy stojí mnoho úsilí. Většinou je tato veřejně činná práce všech mezinárodních koncernů prezentována širokému publiku neustále, aby dlouhodobě ovlivnila konzum. Avšak člověk se již naučil na jisté vlivy nereagovat nebo je přehlížet (nebo čtete své SPAMY, které dostáváte?) A právě tento filtr prolomíte přímým kontaktem!

Na sociálních sítových stránkách v internetu si můžu sám stanovit, kteří lidé mne smějí kontaktovat. Nejdu ani k telefonu, když někdo utají svoje číslo. Očekávám, že se mi někdo předem přímo prokáže, neboť i já mám své zkušenosti s nervními call centry a neodbytnými telefonními prodavači."

Všechny tyto problémy obejdete přímý kontaktem, neboť zde máte lidi přímo před sebou. Můžete bez doporučení náborovat a bez oklik si sám vyhledat lidi, kteří vám vyhovují.

Na základě této skutečnosti to byl můj nápad, skombinovat sílu a radost z kontaktování jistého Tobiase Schlossera, s nedostatky jedné ostýchavé osoby jako jsem byl já. Byl pro nás velký úkol rozvinout logický návod, který každému umožní lidi přímo pro svůj obchod oslovit.

VYSOKÉ POTENCIÁLY

Pod tímto rozumíme lidi, kteří jsou nadprůměrně úspěšní jak ve svém oboru, tak obchodně, společensky i osobně a jsou finančně nadprůměrně úspěšní. Oslovit takové lidi, kteří mají zjevně vyšší postavení je v každém případě zážitek.

Rainer von Massenbach míní:

„Naše zkušenosti nám ukázaly, že tito lidé neobyčejně pozitivně reagují na oslovení a jsou vždy odhodláni k zajímavým rozhovorům, když je někdo osloví na úrovni a ve vhodné situaci.

Tyto lidi překvapíte v běžném životě vždy nějakou veselou a neobyčejnou průpovídkou, která vyvolá často podivuhodnou otevřenost. Máte ty lidi přímo před sebou a nemusíte se k nim probojovávat přes nějakou sekretářku nebo podobnou bariéru.

K tomu je velice zajímavé dostat se takto k úspěšným lidem, se kterými byste se v normálních podmínkách nikdy neseznámili.

Pokud jde o obchod a filozofování, máte u takových lidí vždy dveře otevřené. U Rainera von Massenbach a Tobiase Schlosser se hromadí vizitky dobře situovaných lidí a lidí z vyšších kruhů, kteří byli generováni přímým kontaktem.

U vysokých potenciálů je střetnutí na vysoké úrovni velmi důležité. Nevystupujte jako lepší obchodník, ale jako respektující obchodní partner, který již úspěšnému člověku může nabídnout obchodní part-ner-ství. Nebuďte arogantní, a když bude někdo domýšlivě reagovat, jděte jednoduše dál a oslovte někoho dalšího. Vyvarujte se jakýchkoliv diskuzí.

Rozšiřujte svoji cílovou skupinu a koncentrujte se na to, co vás obchodně dovede dále. Nechte si jednu variantu, oslovit i ty lidi, kteří to asi „nemají zapotřebí". To je v každém případě zkušenost k nezaplacení."

Tobias Schlosser – stručné shrnutí o kontaktech této skupiny lidí:

Podnikoví poradci nebo vedoucí pracovníci vydělávají většinou mnohem více než široká masa průměrných pracovníků. Většinou jsou více respektováni, mají větší zodpovědnost a jsou ve svých firmách zvýhodněni.

Logicky u těchto lidí stoupá zodpovědnost a tlak k většímu výkonu. Většinou je toto také spojeno s větší ztrátou osobní svobody. Mnohdy máme dojem, že takoví lidé jsou už i osobním vlastnictvím firmy, pro kterou pracují. To vede po delší době zase k nespokojenosti a ke stále trvajícímu hledání po něčem lepším. Zde si musíme poznačit: zlepšení nemusí být vždy jen finanční.

A nyní k tématu:
Ze začátku bylo přímé oslovení mužů v obleku a kravatě a žen v kostýmu myšleno tak, abych překonal svůj vlastní strach. Avšak po nějaké době jsem zjistil, že právě tito lidé byli při oslovení otevřenější.

Časem se vyvinula vyloženě soutěž mezi mnou a mými kolegy, co se týče oslovení těchto „top-lidí". Výběr se konal zvláště podle aut, obleků, kravat nebo také aktovek. Podle hesla „čím dražší, tím lepší!"

Měli jsme dny, kdy jsme chodili do jedné z nejdražších ulic světa a mluvili s lidmi, jejichž outfit byl cennější než naše auta a používali mobily, které byly dražší než naše roční dovolená.

Výsledky těchto akcí se daly vidět, neboť konečný efekt bylo mnoho vyměněných vizitek a mnoho obchodních setkání. Na tomto místě bych chtěl podotknout, že se z 90% všech případů nepodařilo tyto kontakty získat pro naši spolupráci. Mnohem více se z nich dodatečně vytvořili cenné obchodní kontakty. Kdyby v tomto období tyto náborové hovory absolvovaly top vedoucí síly, byly by kvóty v náborovém oboru výrazně lepší.

Rozhodující však bylo, že se mi podařilo s pomocí v naší metodě popsaného způsobu jednání, právě tyto lidi přimět k osobnímu setkání v mé kanceláři a k hovoru o nových pracovních perspektivách a nových možnostech výdělku.

V následujích příkladech Vám přiblížím některé vysoce hodnotné kontakty, které se mně a mým kolegům podařily přímým kontaktem získat.

Měli jsme:

- *setkání se spolupracovníky největších německých privátních bank (od poradce počínaje až po vedoucí poboček)*

- *náborování vícero fond manažérů*

- *setkání s řadou úspěšných podnikatelů různých oborů, (s řediteli, předsedy, atd.)*

- *jednání s poradci různých firem všech 5ti poradenských středisek*

- *přijímací pohovory s prominenty, herci i profesionálními sportovci*

- *setkání a náborové hovory s pracovníky na všech vedoucích úrovních*

- *setkání s daňovými poradci, kontrolory a hospodářskými revizory*

- *setkání se zaměstnanci odbytu všech oborů a všech stupňů hierarchie*

- *setkání s právníky, inženýry atd.*

Až pozdější analýza a příznívá odezva na tyto hovory potvrdila, že tito lidé přišli pouze z těchto 2 důvodů:

1. *Všichni byli hledající! (to nemá nic společného se sociálním statusem, příjmem nebo dosavadním úspěchem, 80% všech lidí hledá stále!)*

2. *Kvalita a úroveň oslovení byla velice vysoká. (výrok: „už jsem byl mnohokrát osloven, ale tak jako vy to ještě nikdo neudělal")*

„Tuto schopnost by měl člověk zušlechťovat"
citát předsedy představenstva nejmennovaného Daxkoncernu

ČÁST 2
OSOBNOST KONTAKTUJÍCÍHO

Když vám dá někdo své telefonní číslo, nemělo by se to dle možnosti stát z lítosti. Ale proč se s vámi dá někdo do obchodu nebo se zajímá o to, co mu nabízíte?

Vy přinášíte lidem užitek! Vy můžete nabídnout lidem nové dosud netušící možnosti. Ty sahají od vedlejšího povolání po finanční nezávislost, od malého vynaložení času až po plné zaměstnání. Proč dnes pracujete pro vaší firmu? Protože chcete volně zacházet se svým časem? Protože se chcete stát milionářem?

A přesně to musí z Vaší osobnosti vyzařovat.
V následujících stránkách jde o to, seznámit Vás se vším, co sami můžete udělat proto, abyste se stali také takovou osobností.

Nemějte žádné obavy z odmítnutí a buďte si vědomi, koho vlastně hledáte. Přineste lidem užitek a získejte je pro sebe a tím i pro váš obchod. Osobní sympatie je zde zcela významným bodem, důležitějším než ostatní faktory jako firma nebo produkt. Jestliže se Vám podaří svého protihráče osobně přesvědčit, tak jste vyhráli. Neboť s milým a sympatickým člověkem mluvíme také o něčem, co dříve vypadalo jako nezajímavé a nepřijatelné.

"Úspěch spočívá v tom, že má člověk přesně v daný okamžik ty potřebné schopnosti."
Henry Ford

POSTOJ KONTAKTUJÍCÍHO

Na začátku naší činnosti šli mnozí kolegové v našem obchodním kruhu, kteří praktikovali přímý kontakt zcela jednoduchou cestou.

Oslovovali mladé muže jednoduše z nového Porsche. Přijeli, otevřeli okno auta a zeptali se, jestli mají zájem vydělat peníze. K tomu nemuseli nic moc vysvětlovat.

Každý však nemá možnost si opatřit luxusní auto v hodnotě 150.000 € a mít k tomu ještě zájem hledat 20ti leté, kteří se nechají takto motivovat. Jde o to, najít ty správné a dlouhodobé obchodní partnery.

Avšak tato technika „Porsche-kontaktování" obsahuje jeden z nejdůležitějších aspektů přímého konktaktování. Váš osobní status musí pasovat.

Vy nabízíte a ne prosíte. Vy jste ten báječný člověk s báječným obchodem, který těm ostatním nabízí šanci. (když si to o sobě sami nebudete myslet, nebudete mít úspěch! Je jedno jak dobře pracujete a s jakou metodou!)

Jestli daná osoba Vaši nabídku případně Váš návrh přijme, je jen a jen její rozhodnutí. Vy se ale neprodávejte pod Vaší úroveň. Pokud v obchodě platí: "vyhraný boj je prohraný konec", tak to samé platí pro přímý kontakt. Zůstaňte laskaví, ale rozhodní a nepřipusťte nepotřebné diskuse. Existují lidé, kteří vidí vše černě a nenechají se žádným argumentem přesvědčit. Jděte v těchto případech jednoduše dál a oslovte dalšího. Pesimistu pro Váš obchod nepotřebujete.

ODMÍTNUTÍ A STRACH NĚKOHO OSLOVIT

Logicky vzato, odmítnutí nám nezpůsobuje žádné škody. Ale citově může odmítnutí přinést velice bolestivé zkušenosti. Abychom tomu porozuměli, musíme se ohlédnout zpět tam, kde jsou kořeny našeho vývoje.

Podívejme se pár tisíc let do naší minulosti. V době kamenné existoval v kmenové společnosti jen ohraničený počet členů. Když chtěla nějaká osoba navázat kontakt s druhou osobou, riskovala odmítnutí. A když se tak stalo, věděli to všichni ostatní. Tím se výrazně snížilo postavení člověka ve skupině. Těsně spojena s tímto statusem byla šance na rozmnožování a kontinuitu vlastních genů. Když někoho oslovím, vznikne tím riziko, že moje geny budou vymazány. To působí v prvním okamžiku trochu divně, odpovídá to však zkušenostem, které jsou v našem mozku stále zakotvené.

Tento strach ze ztráty vlastního postavení a tím spojenými konsekvencemi existuje stále. Logicky vzato, tento problém v moderní společnosti neexistuje. Když budu odmítnut, změním jednoduše lokalitu.

Takže, jak se můžete vyvarovat odmítnutí?

Odpovědět lze takto: vy nemůžete. Můžete se jen naučit se s tím umět vyrovnat. Není žádné řešení, stát se neodbytným. Řešení je, přijmout svou zranitelnost a nechat si vlastními zkušenostmi ukázat, co je dobré a co špatné. Největší strach, někoho oslovit, vyplývá většinou z domýšlivosti a ne ze skutečného odmítnutí. Jednoho dne, až oslovíte 5 nebo 10 lidí, ztratíte neodvratně ten nebo onen kontakt. To ale přece není nic závažného, protože vy si tím trénujete svůj "kontaktní sval" a jste svému cíli stále blíž.

IDENTIFIKACE

Rainer von Masesenbach vypráví z vlastní zkušenosti:

„V našem podniku existoval jeden prodejce, kterému jsem se zcela vyhýbal. Ne, že by byl nesympatický nebo nepříjemný, nýbrž proto, že kdykoli jsem s ním delší dobu mluvil, uzavřel jsem nový plán spoření. Pro mě to byly vždy jednoduše jen a jen pojistky. On proti tomu mluvil o těch báječných a jedinečných produktech, kterými člověk uskuteční svá přání, cíle a sny. Básnil o jistotách a pocitu svobody, které se tím více přiblíží, čím víc člověk spoří. Musel jsem dlouho přemýšlet, až mi napadl rozhodující rozdíl mezi mnou a tímto prodejcem. IDENTIFIKACE !!

Abychom dosáhli úspěchu a špičkového výkonu, musíme se 100% s danou věcí ztotožnit. Kdo to ještě neumí, ten by se měl zamknout ve sklepě s lahví vína a zamyslet nad tím co dělá. Kde leží užitek Vašeho obchodu? Udělejte si jasno o výhodách vašeho produktu a Vaší firmy. Co lidem nabízíte? Jakmile se ztotožníte s tím co děláte, pozná to i Vaše okolí. A právě o to jde! Ti lidé, které chcete nadchnout, musí vidět, že to myslíte vážně. Pak budou i Vaši vidinu, váš obchod, Vaši osobnost, následovat.

Můj dobrý můj známý pracuje v prodeji jedné elektrotechnické firmy. Nedávno mi vyprávěl, že k němu přišel zákazník (ten zákazník jezdí autem za 500,- euro), kterému prodal Hifi-aparaturu za 2.500 €. Protože zákazník neměl peníze, zprostředkoval můj přítel tento prodej na splátky. Můj známý tak na tomto zákazníkovi 2x vydělal. Jednak mu prodal aparaturu a pak zajistil i financování. Nebyl jsem si jist, jestli může být hrdý na to, co udělal. Zákazník je zadlužený. Musí teď 7 let splácet měsíčně 50 euro. Do té doby nebude mít pravděpodobně ani to auto.
Každý člověk sám rozhoduje o tom, co dělá a jak dalece je zodpovědný za svá rozhodnutí. Jestliže chcete někoho pro svůj obchod získat, musí cítit vaší identifikaci. Ukazujte své absolutní nadšení a lásku k tomu, co sám děláte. Jestliže ji nemáte, rozviňte ji.

Vzpomeňte si například na mistrovství světa ve fotbalu v roce 2006 v Německu. Ze začátku každý pochyboval o tréninkových metodách Jürgena Klinsmanna.

Rozhodující však bylo, že se nenechal přemluvit a neústupně hájil svoje metody.

Pravděpodobně byla jeho přesvědčení o to větší, o co větší byl protivítr.

To jsem na Klinsmannovi obdivoval. Sebejistě prosazoval svoji linii bez ohledu na to, co tomu budou říkat ostatní.

A právě v tom bylo tajemství jeho úspěchu. Vyslyšel a následoval svou intuici. Většina lidí dělá jen to, co je jim předepsáno, ale ne to, co by sami chtěli. Měli byste i ve vašem obchodování usilovat o ztotožnění se a nadšení (tak jako Jürgen Klinsmann). Jen tak se Vám totiž podaří lidi magneticky přitáhnout a zplodit auru úspěchu.

Mnoho lidí, které jsem oslovil, byli již vícekrát tou samou firmou osloveni, ale bez výsledku. Důvod, že se se mnou nakonec začali bavit o obchodní spolupráci, bylo moje nadšení, které ze mě sršelo. Měl jsem oheň v očích a v srdci a stál za svou věcí. Vždy a všude."

CÍLE JAKO „TURBO – SEBEVĚDOMÍ"

Již opět toto téma? .... Ano!
Podle rčení „Tisíckrát dotknout, tisíckrát se nic nestane", se rozplyne a zanikne v písku.

Rainer von Massenbach dodává ke svému oblíbenému tématu:

„Máte jasný cíl?" Již tisíckrát bylo na mýtincích tot téma probíráno. Na otázku, kdo má již stanovené cíle, se hlásí na našich seminářích nanejvýš polovina účastníků. Pak se ptám dále, jaký je jejich přesný cíl a po průměrně čtyřech otázkách jsou všichni vyčerpáni. Neboť přesně nevědí jestli jejich vysněné auto má být černé, dům má mít 4 nebo 5 pokojů atd.

Proč je tomu tak? Z mého hlediska cíl udržuje při životě. Každý člověk musí mít cíl, jinak není důvod ráno vstát z postele. Kdo nemá žádný cíl, ztratil smysl života.

Každý člověk má cíle, jen mu o nich musí být jasno.

Cíle jsou proto jedním z nejdůležitějších bodů vývoje osobnosti. Vzpomeňte si na nějakou úspěšnou osobnost, kterou znáte nebo si představte nějaký osobní ideál. Co Vám bude nápadné je, že tito úspěšní lidé mají extremní cílevědomí. Když s nimi mluvíte, vnímáte, že tito lidé stoprocentně vědí, co chtějí, kam chtějí, ale také to, co nechtějí.

Když jsem se setkal s úspěšnými lidmi, bez výjimky mi potvrdili, že ze mne něco vyzařuje, že stoprocentně vím, kdo jsem a kam se chci dostat. A proto se se mnou setkávali.

Vzpomeňte si na děti, které něco chtějí. Jsou nadšeni a částečně jdou na nervy, dokud nedostanou to, po čem touží. Kňourají, křičí a jsou nepříjemní. Tuto touhu, co mají děti, aby dosáhly svého cíle, se musíme my dospělí zase naučit.

Život nás naučil se stáhnout a přizpůsobit se potřebám veřejnosti. Vlastní cílevědomost se tímto úplně ztratí.

I při přímém kontaktu mi mé cíle pomohly se lépe vyrovnat s porážkou. Čím tvrději jsem na svém denním cíli pracoval, tím lepší byly moje výsledky.

Stanovte si svoje denní cíle na kontaktování, jinak vše skončí chaosem.

Zde je zcela důležité: plánujte aktivity, nikdy výsledky!"

Tobias Schlosser nasbíral svoje vlastní zkušenosti k tématu identifikace a cíle:

Sedím si ve světlemodrém trabantu mé matky. Vracím se z tréninku ve fitness studiu, napakován sportovním oblečením a projíždím se Lipskem. Vlastně se chci jen tak trochu nadýchat domácího vzduchu a podívat se co se za posledních 5 měsíců od mého přestěhování do Mnichova změnilo.

Protože se moje oči mezitím vycvičily na potencionální obchodní partnery, vidím právě na světelné křižovatce pár metrů ode mne mladého dynamického muže, který čeká na zelenou. Myslím si: „člověče, toho musíš oslovit." Zároveň ale pozoruji, že se tomu mé malé ego zcela brání.

Vysvětluji si to následovně:

- *Trabant je směšný!*

- *Nejsi patřičně obchodně oblečen*

- *Jsi cítit potem*

- *Vlastně máš volno*

- *Světelná křižovatka není vhodné místo na rozhovor*

- *Působíš v Mnichově, a už ne v Lipsku*

Přesto mě něco pohání k tomu, zajet na stranu, přehnout se přes sedadlo spolujezdce a s maximálním úsilím zacloumat klikou z umělé hmoty, abych stáhnul okénko.

Když se mi to podařilo, zamávám na něj a křičím:

"*Nazdar.*"
Přiblíží se ke mně s očekáváním, že se ho chci zeptat na cestu, ale já mu vysvětluji moji naléhavou prosbu.
"*Možná, že mi můžeš pomoci, ale nechci se ptát na cestu.*"

On: "*Jo a o co teda jde?*"
Já: "*Já sice teď zrovna tak moc nevypadám, ale jsem podnikatel a zrovna tady v Lipsku rozšířuji svoji firmu. Jsi z Lipska?*"
On: "*Ano.*"
Já: "*Jaké je tvoje povolání?*"
On: "*Studuji sportovní vědu.*"
Já: "*No to je super, hledám právě pár studentů, kteří by mně podpořili v rozvoji mého týmu a personálním marketingu. Všechno při volném rozdělení času. Měl by jsi zájem si něco privydělat?*"
On: "*Ano, v jakém oboru?*"
Já: "*Pracuji pro jednu pojišťovnu, jsem tam zodpovědný pro nábor pracovníků a jejich vzdělávání.*"
On: "*Neumím si zrovna pod tím nic představit.*"
Já: "*To chápu, tady na křižovatce taky není nejvhodnější místo na diskuse o penězích a kariéře. Co kdybychom si zavolali a já ti k tomu řeknu něco víc.*"
On: "*OK*"
Já: "*Tady máš papír a tužku a napiš mi svoje telefonní číslo.*"
On: "*OK*" *a píše.*

Tato historka jasně ukazuje, že nakonec není bezpodmínečně rozhodující osobní status, oblečení, nebo vnější okolnosti na úspěch nebo neúspěch, nýbrž odvaha, pozitivní myšlení, činnost a správné vysvětlení oč běží. Opět jsem se přesvědčil, že stále existuje bezpočet důvodů, které mluví proti oslovení, ale zároveň jeden důvod, který tu věc dělá lákavou. Mít před očima ten cíl a tu odvahu tento cíl opravdu chtít dosáhnout.

PLÁNUJTE AKTIVITY NIKOLI VÝSLEDKY

Každý z nás ví, že jsou dny, kdy se prostě všechno daří. Existují však dny, ve kterých člověk s největším úsilím dosáhne jen neuspokojivých výsledků.

Abychom se vyhnuli frustraci, musíme to prostě akceptovat. Má to však velké výhody plánovat aktivity, neboť za splnění výkonů jste vždy sami odpovědni. K pozitivním výsledkům je však zapotřebí trochu štěstí.

Příklad: předsevzali jste si, že získáte kontakty od 10 potenciálních obchodních partnerů. Ale prší a počasí vám udělá čáru přes rozpočet. S předsevzetím to bude za těchto podmínek složité. Proto by bylo lepší to od samého začátku naplánovat jinak. Oslovit 10 osob bez jakéhokoli hodnocení jejich reakce. To je možné za každého počasí a podle zkušeností získáte nezávisle na počasí 2-3 kontakty.

Rozdíl je následující:

Cíl 1: 10 telefonních čísel během 4 hodin
Výsledek: 6 telefonních čísel

Cíl 2: 10 oslovení během 4 hodin
Výsledek: 3 telefonní čísla

Na první pohled se zdá první příklad lepší. Ale při bližší úvaze se osvědčí druhý příklad jako lepší. Vy jste sice získali jen 3 telefonní čísla, ale oslovili 10 lidí. Tím jste dosáhli svého cíle. To ve vás vyvolá dobrý pocit a dodá novou motivaci. Při prvním výsledku jste demotivováni, protože jste cíle nedosáhli.

Proto: plánujte své aktivity!

ŘEČ TĚLA A HLAS

Důležitý aspekt při kontaktování je řeč těla. Když někoho oslovíte šeptavým hlasem, shrbený s pohledem na špičky bot, budete mít štěstí, jestliže vás oslovený vůbec zaregistruje. Velmi pochybné štěstí. Rozmyslete si, kým byste chtěli být osloveni a chovejte se zrovna tak.

Buďte vzpřímeni, dívejte se lidem do očí, oslovte je jasným hlasem – a prosím, usmívejte se!

SMÍCH

Smích je dar, kterým byste neměli šetřit. Nestojí to nic a přinese to velmi pozitivní výsledek. Když se smějete, tak se vaše tělo narovná, v očích máte jiskru,a i Vy sami se cítíte dobře. Jděte jednou jen tak městem a pozorujte, kolik lidí se usmívá. Je to úděsné. Většina stáhne dokonce ústní koutky dolů a hledí nepřítomně.
Chcete se zařadit k této skupině živých mrtvol, vypadajících jakoby zrovna utekly z márnice a byly na cestě do věčného zatracení?

Proto: Usmívejte se! Příjemný člověk s úsměvem na tváři má vždy větší šanci.

Začněte oslovovat lidi s příjemným výrazem. Jděte městem a usmívejte se na lidi. Těm, kteří vám úsměv opětují, řekněte jednoduše: „dobrý den". Budete sami překvapeni pozitivní reakcí.

Příjemný úsměv přinese víc než sto tisíc dobře promyšlených slov.

Znáte to? Cestou potkáte sympatickou osobu. Vaše pohledy se setkají a na chvíli se zastaví, tělem proběhne lehké brnění, vznikne napětí – a to je to: Magie mezi dvěma lidmi, kteří se předtím nikdy nesetkali a třeba nikdy více nesetkají. Krátký pocit důvěry a dobrodružství.

Přelétavý moment, ve kterém víme: s tímto člověkem se vyplatí seznámit. Ale většinou proběhnou takové chvilky bez toho, aby někdo zareagoval a člověk se zase hned ocitne zpátky v běžném životě.

Pak ale existuje jediné řešení: jednat!

V průběhu této knihy Vás naučíme na tyto situace reagovat a jak tyto lidi okamžitě oslovit.

„Neboť v životě neexistují jistoty, ale příležitosti!"
Tobias Schlosser

ANALOGICKÝ TEST

Pro osoby, které oslovíte je tento způsob oslovení zcela nová zkušenost. Vy jste pro ně cizí osoba, která někoho najednou ve všedním životě konfrontuje se změnou jeho profese. To není „normální!"

A proto se stane, že Vám budou lidé klást otázky. Ty mohou být nepříjemné, mohou působit i podivně. Řada účastníků našich seminářů konstatuje, že tyto otázky se vyskytují hlavně u vysoce kvalifikovaných osobností. Nepříjemné otázky k firmě, výrobku nebo systému jsou pro nováčka opravdu zatěžkávací zkouškou. Zkušený člověk ví, že právě tyto kontakty přinesou vysokou kvalitu.

Člověk, který nám bez rozmyšlení a hned dá telefonní číslo, většinou neuvažuje o tom, co dělá. Má v tu chvíli jiné starosti, nebo je danou situací přetížený.

Buďte upřímní! Prozradili byste nějaké cizí osobě po 20ti vteřinách vysvětlování o šancích na vedlejší výdělek, jméno a telefonní číslo? Možná ano, možná ne. Chcete přece vědět mnohem víc informací a také to, kdo Váš protihráč je?

Buďte si jisti: ti „dobří" kladou otázky! Lidé, kteří dosáhli úspěchu, kteří dělají dobré obchody, nedají jen tak někomu své telefonní číslo. Tento okruh lidí si může určovat s kým bude dělat obchody a s kým ne. Bavit se o obchodu s člověkem, který si sám není jist, nepřinese žádný výsledek. Domlouvat se s ním o obchodní nabídce je ztráta času.

Tyto otázky, kteří potenciální kandidáti kladou, nazýváme analogický test. Toto „oťukávání" Vaší osoby následuje jen z jednoho jediného důvodu. Zkouší vás, zda si za svým obchodem stojíte a jestli jako osoba jste o svých rozhodnutích přesvědčen. Analogický test je velmi náročná věc. Když odpovíte na hodně otázek, stáváte se nezajímavým. Nedáte-li žádnou informaci nebo odpovídáte vyhýbavě, může se stát, že se diskvalifikujete.

Proto si předem pořádně rozmyslete, jak a kolik chcete dát v sázku. A zůstaňte u tohoto konceptu. Raději ztraťte hned na začátku jeden kontakt, než být zpovídán a všechno vysvětlovat a nakonec nezískat ani jedno telefonní číslo. Nechte si Váš obchod testovat a ukažte vaší kvalitu. Zůstaňte příjemný, ale rozhodný a vydejte ze sebe to nejlepší. Pak můžete jen vyhrát.

A nespleťte si toho, kdo se jen vyptává a láká z Vás informace, s někým, kdo má opravdu zájem a testuje Váš postoj k tomu, co děláte.

NEPŘÍJEMNÉ SITUACE A KONFRONTACE

Jako všude i v přímém kontaktu se vyskytnou nepříjemné situace. Tomu se nedá při vzájemném působení vyhnout.

Když například oslovíte muže, který byl právě opušten přítelkyní, oklamán a ošizen finančním podvodníkem, a díky této situaci zaspal, zameškal vlak a spěchá do práce, nečekejte určitě žádnou příjemnou reakci na Vaše oslovení. Jakkoliv jste dobrý.

Přitom nejde vůbec o Vás nebo Vaši nabídku. K oslovení došlo jen v nevhodné době. Možná, že by tento kontakt dopadl při jiné situaci pozitivně a tento muž by se stal Vaším top spolupracovníkem.

Proto:

-       Mějte vždy otevřený a pozitivní postoj

-       Vyhýbejte se konfrontacím a soustřeďte se na Vaši věc

-       Nepřistupujte na zdlouhavé a nesmyslné diskuze

-       Neciťte se tak, jako by to byla velká věc – to zas není

-       Když nějaká osoba neprojeví zájem, zůstaňte příjemní a rozlučte se

Potkáte-li tuto osobu ještě někdy, pozdravte ji. Často se tímto vyvine rozhovor, s jehož výsledkem budete možná pozitivně překvapeni.

ČÁST 3
DŮLEŽTÉ KE KONTAKTOVÁNÍ
TOHLE MUSÍTE INVESTOVAT

Abyste se stali úspěšnou kontaktující osobou, Musí vám být jasno, že se jedná o sociální schopnost, kterou se musíte nejdříve naučit. Je jedno, v jaké pozici se nyní nacházíte a jestli vyděláváte málo nebo hodně. Budete muset investovat.

Pár příkladů Vaší investice:

- **Čas:** naučit se novou schopnost, potřebuje čas. Se systémem, který Vás naučíme, se můžete zlepšovat každý den.

- **Peníze:** velká výhoda 2BEKNOWN metody je, že kromě tužky a papíru nic dalšího nepotřebujete. Investujte Vaše peníze raději na Váš zevnějšek, to se vám při přímém kontaktu vyplatí.

- **Emocionální investice:** musíte být připraven se učit nové schopnosti. Když to zvládnete, dokážete přijmout i neúspěch.

ZEVNĚJŠEK

Chci, abyste vypadali jako model. Chci, abyste si nechali ušít oblek na míru, minimálně 4x týdně navštívili fitness studio a jednou týdně kosmetické studio.

Ne, legrácky stranou. Samozřejmě, že to nechci. Chci, abyste na sebe a vaše tělo dbali a abyste si byli vědomi Vašeho zevnějšku. Pravděpodobně je zbytečné to připomínat, ale zkušenosti ukazují, že zde mají mnozí víceméně deficity. První, co na Vámi osloveného člověka působí, je prostě Váš zevnějšek. Přitom nehraje žádnou roli, jestli jste zvlášť atraktivní nebo máte na sobě fantastický oblek. Jde o to, působit upraveně a spořádaně. Normální svetr, džíny a tenisky jsou často mnohem lepší než obnošený oblek s mastnou kravatou.

A udělejte to k vůli mně: dopřejte si sem a tam návštěvu u kadeřníka a jako muž i mýdlo a štětku. Žádný člověk nechce být osloven k podnikání někým, kdo vypadá, jako by doma neměl zrcadlo.

Ostatně i Vy se budete cítit lépe, když budete upraveni a dobře oblečeni. To se pak daří navazovat kontakty mnohem lépe.

KONTAKTOVAT SÁM, VE DVOU NEBO VE SKUPINĚ?

Zde se může každý rozhodnout podle své úvahy. Kontakty, které běžně děláte, provádíte samozřejmě sami.

Když jde ale o to, naučit se přímé kontaktování, je velmi důležité mít jednoho nebo více partnerů. Společně jít touto cestou, mít úspěchy, zpracovat neúspěchy, slavit vítězství, dělá ve dvou nebo ve skupině mnohem víc radosti. Naše semináře jsou proto organizovány tak, že „na lov" jdou vždy malé skupinky s jedním instruktorem.

Takže: najděte si z Vašeho týmu někoho, jděte se skupinou nebo i sám. Přímý kontakt má dělat radost, v běžném životě přinášet mnoho styků a rozšiřovat Váš obchod.

PRAVIDLA PRO KONTAKTOVÁNÍ VE DVOU NEBO VE SKUPINĚ

Jestliže chcete kontaktovat ve dvou nebo ve skupině, musíte si předem stanovit nějaká pravidla. To nedělá samozřejmě žádný dobrý dojem, jestliže se v 5ti, jako smečka vlků na někoho vrhnete a oslovíte ho. Kdo uvidí první vhodnou osobu, musí například říct: „ten v té žluté bundě patří mně!" To je jasný signál pro ostatní, že máte v úmyslu tohoto člověka oslovit.

Ostatně, měli byste vše předem domluvit, že Vy chcete příslušnou osobu oslovit. Jinak se může stát, že nikdo nikoho neosloví, protože každý si myslí, že ten druhý ten kontakt udělá.

Další pravidlo je: vést hovor nanejvýš ve dvou!

Jestliže někoho oslovíte a chcete s ním vše projednat, je pro osloveného nepříjemné, jestliže kolem něho bude stát skupina lidí dívající se na něj, jako na atrakci v ZOO. Ve dvou to není žádný problém. Vy někoho oslovíte, pak se s ním bavíte, ale ten druhý nemá žádné právo se vměšovat do jednání, popřípadě si telefonní číslo generovat pro sebe.

Pravidlo zní: kdo osobu osloví, obdrží nakonec telefonní číslo!

Samozřejmě existují i výjimky. Zvláště u začátečníků je účelné, když ho již zkušený partner podpoří a vmísí se do hovoru, případně pro něj získá telefonní číslo. V našich seminářích vytváříme většinou skupinky po třech, ze dvou účastníků a jednoho instruktora.

ŽABÍ POLIBEK NEBO HLEDÁNÍ PRINCE

Přímý kontakt je jako prodej, podílový obchod. Žádný prodavač na tomto světě nemá 100% kvótu. Z logického hlediska to neexistuje!

Stejně tak neobdrží od oslovené osoby telefonní číslo nebo vizitku i tak dobrý pracovník jako je například Tobias Schlosser. Ale když jde o kvótu, existují u 2BEKNOWN – metody dvě různé možnosti, které se dobře nabízejí, podle obchodu a podle produktu.

Buď se stanete líbajícím žab. To znamená, že mluvíte s tolika lidmi, kolik je vůbec možné o vašem obchodě a nakonec uvidíte, kdo zůstane. Takže nemáte žádnou speciální metodu na výběr, nýbrž vsadíte jen jednoduše na všeobecné měřítko.

Příklad: kontaktujte všechny osoby, muže i ženy mezi 20 – 50 lety, všude tam, kde se nacházíte. Tím se do vašeho síta dostane velký počet potenciálních klientů.

Nebo si zvolíte jinou možnost: definujte (dokonce musíte) Vaši cílovou skupinu tak přesně a precizně, že se zvýší pravděpodobnost s menším množstvím kontaktů vyfiltrovat přesně ty lidi, kteří jsou pro Vás zajímaví.

Příklad: kontaktujte v nějaké velice „ nóbl" ulici muže v luxusních oblecích, které odhadujete na 35-45 let a kteří Vám odpoví na pozdrav. Tím se silně sníží počet oslovených osob ve srovnání s první metodou.

Pro který druh oslovení se rozhodnete, ponecháme Vám a Vašemu osobnímu názoru. Zkuste obě a rozvíjejte pak tu, která se k vám víc hodí.

Nejlepší je ovládat obě varianty, aby se ve Vašem týmu znásobňovalo to, co je potřeba. Tím můžete dát do ruky každému to nářadí, které pro svoje podnikání potřebuje.

JAK DEFINUJI SVOJI CÍLOVOU SKUPINU?

Jak a koho oslovíte, záleží rozhodně na tom jak se cítíte. Neboť i špatný kontakt vykonaný sympaticky, přinese více úspěchů než arogantní a nepříjemný, ale řečnicky perfektní projev.

Abyste zvýšili pravděpodobnost dostat se do kontaktu s vhodnými osobami pro Váš obchod, měli byste si sami klást pár otázek:

- Jaký užitek přinese produkt mé firmy pro lidstvo?

- Jaký druh lidí hledám pro svůj obchod? Nejlépe se hodí ti lidé, kteří jsou stejní jako vy. Jaké zájmy a koníčky máte?

- Co můžu já, nebo moje firma, lidem nabídnout, aby si vylepšili jejich odborné a finanční postavení?

A pak přijde ta nejdůležitější otázka:

- Jaký je to vůbec člověk, kde se vyskytuje, je to ON nebo ONA, žena v domácnosti nebo spíš manažer?

Tyto otázky nikdo dostatečně nezodpoví a bude se často mýlit, jestliže budete osoby posuzovat podle jejich zevnějšku. To je ale jediná informace o člověku, kterou na první moment můžete obdržet. Když si pomyslíme, že 95% případů kupujících jedné z nejdražších automobilových značek na světě se nedostaví v obleku, už mnohokrát v praxi vyšlo najevo, že občané v oblecích jsou nezaměstnaní, musí člověk v tomto bodě dělat kompromisy. A právě tak jdou věci někdy opačným směrem. Často se stane, že se člověk nutí někoho oslovit, kdo vůbec do našeho schématu nezapadá – a najednou zjistí, že zrovna našel někoho, koho právě hledal. Proto mějte oči otevřené a zkoušejte stále něco nového.

"Čím promyšleněji lidé jednají, tím účinněji je může postihnout náhoda."
Friedrich Dürrenmatt

Mínění Tobiase Schlossera k tématu „Cílová skupina":

„Poté, co nejvyšší vedení našeho podniku, motivováno různými poradenskými společnostmi a obchodními analýzami, navrhlo získání nových obchodních partnerů – zejména žen, byl pro mne velký nezvyk. Musíte si představit, že do této doby jsem kontaktoval jen muže a oslovovat ženy pro náš obchod bylo pro mne dost neobvyklé.

Po krátkém rozmyšlení jsem se přece jen nechal motivovat a uznal, že se spoluprací s poradkyněmi logicky gigantický zvýšil potenciál zákazníků, kterého bychom jinak nemohli nikdy dosáhnout.

Vypracoval jsem odpovídající metodiku k oslovování mladých žen. Byl jsem z toho, co mě čeká, mírně rozrušen. Platí totiž, vytvořit spojení mezi způsobem a úrovní na jedné a efektivnosti na druhé straně. Optimální cílová skupina se mi momentálně jeví ti 30 letí, kteří jsou tak nějak obchodně oblečeni (oblek, sako, aktovka).

Při mém dalším výjezdu do Schwabingu (nóbl Mnichovská čtvrť), doprovázen kolegyní, jsem nastartoval první oslovení. Mladých žen, které odpovídaly naší předem definované cílové skupině bylo dostatek, neboť toto okolí se vyznačuje množstvím firem a podniků, které vyžadují odpovídající oblečení pro své zaměstnankyně. Již při parkování auta mi přišla vstříc cílevědomá mladá žena. Využil jsem příležitosti a oslovil ji.

Já: „Dobrý den, nejste náhodou odtud, nebo tu pracujete?"
Ona: „Proč to chcete vědět?"
Já: „Zní to možná trochu nevěrohodně, ale zrovna jsem své kolegyni říkal, že na mě působíte tak, že byste se výborně hodila do mého týmu".
Ona: „Do jakého týmu?"
Já: „My zde ve městě děláme zrovna personál casting pro jednu velkou německou firmu a hledáme konkrétně mladé dynamické ženy, mající zájem o vedlejší výdělek nebo druhé povolání. V jakém oboru pracujete Vy?"
Ona: „Studuji"
Já: „Bylo by zajímavé si něco přivydělat?"
Ona: "Vždy, přijde na to, o co jde."
Já: „Jde o týmovou organizaci. Umíte dobře jednat s lidmi?"
Ona: „Ano, perfektně."
Já: „Nemohu nic slíbit, protože nejste jediná, která bude oslovena. Ale dám Vám moji vizitku."

Ona: „Děkuji."
Já: „Máte telefonní číslo, na kterém jste k dosažení?"
Ona: „Ano, napíši Vám mé privátní telefonní číslo."

Ještě tentýž den jsme tímto způsobem sestavili kartotéku početných potenciálních kandidátek.

Samozřejmě že ženy nejsou jediná cílová skupina, na kterou se lze specializovat.

Tobias Schlosser o sportovcích nebo těch, kteří tak aspoň vypadají:

„Jedna z velkých mnoho slibujících skupin lidí, jsou podle mého názoru sportovci.

Považuji je zásadně spíš za podnikatelskou skupinu než za „povaleče", protože víc důvěřují aktivnímu životu. Jsou zvyklí, sami sebe motivovat. Jsou orientováni na cíl a umí si lépe poradit s porážkou.

Protože jsem sám sportovec a využívám každou příležitost vzpírat činky nebo jiné ke zdravému a pohyblivému životu motivovat, dělá mi oslovování lidi ze sportovního prostředí osobní potěšení.

Zde se zcela lehce najde společný jmenovatel a lidé jsou si hned vzájemně sympatičtí. Sport spojuje a od prvního okamžiku je možná identifikace.

Moje nejoblíbenější disciplína je sportovce během společných aktivit kontaktovat a tak spojit příjemné s užitečným.

Tak to bylo například jednoho sobotního dopoledne, když jsem na břehu řeky Isar v Mnichově (který je eldorádem cyklistů a běžců) využil tohoto času nadchnout pár lidí pro vedlejší finanční příjem. Během přestávky mého tréninku jsem oslovil jednoho sportovce, který si právě intenzivně protahoval své tělo.

Já: „Ahoj, máte na minutku čas?"
On: směje se. „Když to nebude dlouho trvat."
Já: „Ne, žádný strach. Já jsem si jen všimnul, jak angažovaně na sobě pracujete. Zaujalo mě to a proto jsem Vás oslovil!"
On: „Aha."
Já: „Jak vidíte, sám jsem sportovec a všímám si lidí, kteří se tělesně otužují."
On: „A proč?"
Já: „Jsem samostatný podnikatel a pracuji převážně se sportovci a dynamickými lidmi. Momentálně mám dvě volná místa ve firmě, které mohu zadat. Jakou máte profesi?"
On: „Jsem obchodní asistent a jsem pracovně spokojen!"
Já: „To je perfektní, z toho vycházím. Možná by bylo zajímavé si něco přivydělat. Máte na vašem kontě ještě místo?"
On: „Samozřejmě, stále. O co jde?"

Já: „Jsem vedoucí pracovník ve firmě, zabývající se finančními službami. Hledám lidi, kteří by mě podpořili v oborech poradenská služba a koordinace spolupracovníků. Náš speciální obor je opatření na stáří."
On: „Zní to zajímavě, ale teď musím dál!"
Já: „Žádný problém, tady je moje vizitka, kde Vás zastihnu?"
On: „Nejlépe večer doma."
Já: „Jaké je vaše telefonní číslo? 089/......?"
On: „56777xxx"
Já: „OK, tak sportu zdar, zavoláme si..."
On: „Jasně, tak brzy."

ČÁST 4

2BEKNOWN – STUPŇOVÝ MODEL

PROČ SE SKLÁDÁ 2BEKNOWN - METODA Z RŮZNÝCH STUPŇŮ?

Rozdělení přímého kontaktu na různé stupně výrazně zjednodušuje učení a zapracování. Stupňovitý vzrůst úrovně pod dohledem osobních preferencí vytvoří celkový návod, který je lehce realizovatelný. Začátečník musí být nejdřív schopen někoho oslovit nebo navázat hovor. Jestliže to ovládá, může přejít na small-talk a vnést do hovoru jeho firmu a jeho záměry, aby nakonec obdržel telefonní číslo.

MISTROVSTVÍ V JEDNODUCHOSTI

Komunikace je všechno. Jestliže získáváte nové spolupracovníky nebo chcete něco prodat, bez komunikace se neobejdete. Existují prvotřídní náboráři, kteří neuvěřitelně subtilními metodami předvedou před novými potenciálními spolupracovníky vypilovanou show a v jejich hlavách rozdmýchají ohňostroj nadšení.

Tito top-lidé rozvíjeli po mnoho let vynikající techniku a taktiku, která je osobně dělá tak úspěšnými.
A to je právě ten problém!

Může se zdát super, když má někdo tuto schopnost dotáhnout to až k mistrovství. Problém je ale, že tyto schopnosti nejsou kopírovatelné, natož pak znásobitelné. Sedět proti novému spolupracovníkovi, který v rozhovoru kopíruje styl „velkého mistra" a vůbec se k němu nehodí, je ve většině případů jednoduše trapné. Proto mravní zásada při rozvíjení 2 BEKNOWN - metody stála vždy na prvním místě: technika musí být 100% násobitelná a osobní styl kontaktujícího musí být znát. A toho jsme dosáhli!

Postup 2BEKNOWN - metody spočívá vždy ze dvou komponentů:

1. Odbourávání bariéry/strachu z kontaktování

2. Zlepšování schopnosti komunikace/vedení rozhovoru

Ukázalo se, že tato dvě témata spolu velmi úzce souvisí. Jestliže to posuzujeme matematicky, reagují proporcionálně opačně jeden k druhému. Jednoduše řečeno to znamená. Čím větší strach z kontaktování, tím menší je schopnost komunikace a obráceně.
U přímého kontaktu je to jako ve sportu. Jak ve Formuli 1, tak při skoku o tyči je důležitá určitá zahřívací příprava. Bez profesionální přípravy není úspěch.

Trochu štěstí může mít každý, důležitý je dlouhodobý výsledek. Vypracovali jsme pro vás 6ti stupňový program, abychom vás optimálně připravili na přímé kontaktování, Vaši cestu ulehčili, ale ne hned v začátku přetížili.

Nadměrné zatěžování neznamená, že nejste něčeho schopni. Chceme se však vyvarovat toho, abyste se ne příliš rychle odvážili dopředu a pak byli zklamáni. Jestliže se chcete naučit skok do výšky, pak je pravděpodobně málo smyslné, abyste si dali hned první den laťku tak vysoko, jako na světové úrovni. Začnete pochopitelně na nižší úrovni a časem laťku zvyšujete. Rozběh a pohyb se sjednotí, s úspěchem bude stoupat motivace a za nějaký čas budete skákat výš než jste si mysleli.

A právě tuto motivaci, postupné zvyšování úkolů a nároků na sebe samého jde v příští kapitole.

„*Člověk by měl hnát jednoduchost na vrchol, dokonce až do mist-rovství a usilovat o genialitu zjednodušování vysoce komplexních věcí.*"
Tobias Schlosser

6ti STUPŇOVÝ PROGRAMM

Tento 6ti stupňový program je jádro 2BEKNOWN - metody.

Tak jednoduchý a geniální a mnohokrát vyzkoušený, vytváří základ pro Vaši kontaktní práci. Nechte si čas (nejlépe 6 dní po sobě – každý den jeden stupeň), postupujte krok za krokem, úspěch a rychlé pokroky se Vám nakonec vrátí.

Postupujte každý den o krok dále a trénujte oslovení pokaždé 10x. V praxi se tento počet prokázal jako optimální.

Když jste na konci šestého dne absolvoval všechny stupně, bude Vám možné kdykoli a kdekoli oslovit nové lidi.

Jelikož se nacházíte „v tréninku" a poté Vám půjde oslovování automaticky a Vy jste získáte novou schopnost. Vzpomeňte si na sportovce, který se připravoval na zápas. Svaly jsou zahřáté, postup činnosti je v hlavě jasný a on čeká jen na znamení.

STUPEŇ 1: Úsměv!

V prvním stupni se jedná o neslovesné, jednostranné navazování kontaktů. Podíváte se jednoduše člověkovi do očí a usmějete se na libovolnou osobu bez jakékoli další akce.

STUPEŇ 2: Dobrý den, ahoj!

Ve druhém stupni rozšíříte svůj repertoár o další aspekt. K čistě neslovesné komunikaci přidejte jednoduše pozdrav „Dobrý den, ahoj, zdravím atd." Trénujete novou metodu Vámi již známým způsobem chování.

STUPEŇ 3: Kolik je hodin?

Zde přejdeme z monologu do dialogu. Oslovte člověka a zeptejte se zdvořile na čas. Díky situacím, které vznikají v běžném životě si zvykáte na oslovení a Váš protějšek reagauje nezaujatě. Potom co jste se dozvěděli, kolik je hodin, se zase rozlučte.

STUPEŇ 4: Nemáte drobné?

Vítejte v dalším stupni! Zde se jedná o typický hovor u parkovacího automatu. Oslovte lidi, jestli Vám mohou vyměnit papírové peníze na drobné nebo obráceně. Výměna peněz trvá určitou dobu a tak máte příležitost zavést hovor. Připravte si například 20ti korunu a nechte si ji rozměnit na drobné. Při dalším kontaktu udělejte opak. Drobné peníze za papírové.

STUPEŇ 5: Komplimenty

Další stupeň je varianta, jak někoho bez jakéhokoli důvodu nebo problému oslovit. Udělejte dotyčnému člověku kompliment na nápadné nebo obzvlášť pozitivní věci. Třeba pěkné boty, extravagantní kravatu či neobvyklé poklice kol jeho auta.

STUPEŇ 6: Znáte nějakou dobrou kavárnu či restauraci?

Nyní přejdeme k obecným zásadám při oslovování, které můžeme libovolně vylepšovat. Tak blízko jste jestě nebyli! Neboť jestli jste schopni se zeptat na kavárnu a obdržíte příjemnou odpověď nebo dokonce popis cesty, pak si troufněte a vložte hned otázku. Co například tuhle:

„Děkuji mockrát za laskavé popsání. Řekněte mi, Vy určitě ve své profesi pracujete s lidmi, že?"

Tak rychle se z chladného oslovení stane vřelý rozhovor a Vy můžete klidně bez problémů „vhodit" do hry Váš obchod.

Jestliže jste probrali VŠECH 6 stupňů, jste pak připraveni na profesionální a úrovňový rozhovor.

Propracujte dokonale postupně VŠECH 6 stupňů a po krátké době budete mít na své straně tyhle výhody :

-   Máte povyražení

-   Vaše tělo a pohyb jsou uvolněné a ukazují jistotu

-   Váš hlas je jasný a klidný

-   Ovládáte Váš text

-   Strach z kontaktu je menší

-   V krátké době jste oslovili nejméně 60 cizích lidí a docílili prvních úspěchů

-   Pracujete cílevědomě

Tím, že u všech stupňů vznikají běžné situace, které většina lidí víckrát zažila, budujete si uvolněně vztah k lidem a můžete se konečně přímý kontakt učit a používat.

Časem se přímý kontakt koná reflektivně a člověk si zvykne všude a kdykoli lidi oslovit.

PROHLOUBENÍ A ZPĚTNÝ KROK

Bude nějaký čas trvat, než schopnost využití přímého kontaktu prohloubíte. Abyste tohoto cíle dosáhli co nejdříve, nabízí 2BEKNOWN – metoda, řešení.

Na základě 6ti stupňového modelu 2BEKNOWN - metody se naučíte během jednoho týdne oslovovat různé osoby:

1. **den - Stupeň 1** (úsměv)

2. **den - Stupeň 2** (pozdrav)

3. **den - Stupeň 3** (zeptání na čas)

4. **den - Stupeň 4** (rozmnnění peněz)

5. **den - Stupeň 5** (komplimenty)

6. **den - Stupeň 6** (zeptání se na kavárnu)

Sedmý den budete s touto problematikou tak ztotožněn, že pomocí vlastního individuálního návodu na oslovení, můžete Vaši obchodní myšlenku zakomponovat se stylem a uměním do hovoru.

Co se ale stane, jestliže uděláte přestávku? Jedno z jakéhokoli důvodu jste dlouho nikoho neoslovili. Pak postupujte následovně:

Vyjděme z toho, že jste dnes s 6ti stupňovým programem začali, po šesti dnech jste hotovi a sedmý den se koncentrujete jenom na generování telefonních čísel. Jestliže uděláte osmý a devátý den přestávku, nezačínejte desátý den s vlastním oslovením. Vraťte se o dva stupně zpět (každý vynechaný den 1 stupeň).

V praxi to znamená: začněte trénink na 5. stupni (dělat komplimenty), jděte na stupeň 6. (otázka na kavárnu) a nakonec přejděte na vlastní oslovení podle vašeho návodu.

Touto strategií je zaručeno, že se stále aktivně zabýváte oslovováním. Samozřejmě, že v předchozích stupních vznikly také nové početné kontakty, ale my chceme, abyste se bez potíží zase rozjeli. Hezkou zábavu a hodně úspěchů při dnešním úkolu:

Stupeň 1: Úsměv!

ČÁST 5
5 STAVEBNÍCH KAMENŮ K ÚSPĚŠNÉMU PŘÍMÉMU KONTAKTOVÁNÍ

Jako každé jiné sociální spojení je kontakt s cizími lidmi rozdělen do 5 částí:

Stavební kámen 1 =   **úvodní věta**
oslovení jakékoli osoby

Stavební kámen 2 =   **zdůvodnění oslovení**
zdůvodněte, proč dotyčnou osobu oslovujete

Stavební kámen 3 =   **ztotožnění s dotyčnou osobou**
vybudujte si vztah

Stavební kámen 4 =   **zavedení Vaší obchodní myšlenky**
takhle zavedete váš obchod do rozhovoru

Stavební kámen 5 =   **generování kontaktů**
výměna kontaktu a rozloučení

6ti stupňovým programem se naučíte odbourat Váš strach z navazování kontaktů a pozvednout úroveň Vaší mezilidské komunikační schopnosti. Následovně vám představíme 5 stavebních kamenů 2BEKNOWN - metody, které Vám poslouží jako návod pro přímý kontakt.

1. STAVEBNÍ KÁMEN
ÚVODNÍ VĚTA

2BEKNOWN - metoda se zakládá zásadně na standardním způsobu postupu.

> „Dobrý den, mám otázku!" Jste odtud z (dodejte jméno vašeho města).
> „Dobrý den, mohl byste mi pomoci?"

Ve dvou se nabízí tato alternativa:

> „Dobrý den, musím se Vás na něco zeptat. Můj kolega a já jsme se právě vsadili, v jakém oboru pracujete. On tipuje na bankovního úředníka, já myslím, že jste podnikový poradce".

Kontaktní osoba, která má schopnost připravený materiál čistě a věrohodně uplatnit, může dosáhnout výborných výsledků. Samozřejmě neexistuje žádná univerzální věta pro každou situaci. Předem připravený materiál by taky neměl potlačit vytyčený cíl, doplnit svoji sociální schopnost o další aspekt.

Doporučujeme Vám připravit si určitý repertoár standartních vět, které si vyzkoušíte a uplatníte. Jestliže jste si tyto předem připravené věty dostatečně vyzkoušeli a uplatnili, vynoří se vzory a reakce. Situace, které se opakují a otázky, které můžete předvídat, než je někdo vůbec vysloví.

Od určitého okamžiku nebudete muset přemýšlet, co máte říct. Během navazování kontaktů je Vaše hlava čistá pro další úkoly. Vy se můžete soustředit na další věci, jako je řeč těla. Během doby, kdy oslovená osoba reaguje na neobvyklou situaci, se můžete soustředit na analýzu osloveného.

Potom co jste se nazpaměť naučili standartní věty se doporučuje přidat svůj vlastní materiál. Vymyslete si sami nějaké věty nebo přetvořte ty předepsané. Váš vlastní materiál je vždy autentičtější než předepsaný.

2. STAVEBNÍ KÁMEN
ZDŮVODĚNÍ OSLOVENÍ

Když někoho oslovíte, ptá se dotyčný samozřejmě sám sebe proč a nač ho oslovujete. Proto byste měli Vaše oslovení zdůvodnit a vysvětlit proč jste se na něj obrátili. Nejlépe je zde i nějaký nápadný a pokud možno pozitivní důvod proč ho oslovit.

Pár příkladů:

„Musel jsem Vás oslovit, protože nosíte tak extravagantní barvy."
Nebo:

„Vy vyzařujete takovou sympatii, že Vás musím oslovit."
Nebo:

„Jste tak nápadně vkusně oblečen, že jsem Vás musel oslovit!"

Chytněte se jeho odpovědi, například ohledně jeho povolání a využijte ji jako argument.

„Přesně takové lidi ....hledáme.....!"

„Přesně takové lidi, kteří jsou odvážní a nosí extravagantní barvy hledám pro svoji firmu."

Nebo:
„Přesně takové lidi, kteří takhle sympaticky vyzařují, hledám pro moji firmu."

Nebo:
„Přesně takové lidi, kteří jsou tak nápadně vkusně oblečeni hledám pro moji firmu."

Po takovém zdůvodnění můžete přejít hned k první otázce, která by se měla týkat tohoto tématu.

Ta může vypadat takto:

„Co má člověk jako vy vlastně za povolání?"

3. STAVEBNÍ KÁMEN
ZTOTOŽNĚNÍ S DOTYČNOU OSOBOU

Jako další je velmi důležité se se svým protějškem ztotožnit. Ukažte mu, že si vážíte toho co dělá a vyjádřete zájem o něj a jeho práci. Jako vždy slouží tento podnět jen jako pomůcka a může se rozlišovat kontakt od kontaktu.

Když na Vaši otázku někdo odpoví, že je malíř, dotazujte se dál nebo ho hned potvrďte.

Kontaktér: „Co má člověk jako Vy vlastně za povolání?"

On: „Jsem malíř."

Kontaktér: „Aha, jste umělec co maluje obrazy nebo jste malíř pokojů?"

Malíř: smějíc se: „já maluju jen zdi."

Kontaktér: „Super, to je taky kreativní práce. Především proto, že barevné zdi jsou teď v módě."

On: „No to máte taky pravdu."

Kontaktér: „To je prima, poslyšte.......!"

4. STAVEBNÍ KÁMEN
ZAVEDENÍ VAŠÍ OBCHODNÍ MYŠLENKY

Tady přijde to nejlepší. Potom co jste dotyčnou osobu oslovili a zdůvodnili důvod vašeho jednání, přijde po ztotožnění nejrozhodnější fáze v přímém kontaktu:

Zmíníte se o vašem podnikání. V této fázi ukážete dotyčnému, že ho chcete získat pro Váš záměr nebo mu můžete udělat obchodní nabídku. Chytněte se jeho odpovědi, např. k jeho povolání a použijete to jako argument.

„Přesně takové lidi ....hledáme!"
Neprozraďte zde moc, nýbrž navnaďte ho na víc:

„Rozšiřuji zrovna pobočku v Mnichově v oboru wellness a potřebuji 3 osoby, které pocházejí z bankovní branže a můžou mne podpořit v oblasti organizace spolupracovníků a optimalizace odbytu."

Nebo:

„Pracuji pro jednu velkou firmu a mám tu možnost dát angažovaným lidem s pozitivním postojem šanci na zlepšení jejich pracovních možností."

Nebo:

„Mám firmu, která se zabývá důslednými zdravotními změnami v české společnosti."

Tady musíte brát ohled na potřeby Vašeho podniku a oboru. Vyjádřete se krátce. Celý obchodní plán a výrobky můžete později představit v osobním rozhovoru. Probudit zájem u protější osoby je hlavní cíl této fáze.

Každý z vás dvou má svůj zájem. Vy chcete něco od osloveného (tel. číslo), on chce informaci o Vás. Zajímá ho, co mu můžete nabídnout. Nikdo to nevysloví přímo i když to je vlastně cíl rozhovoru. Jestliže ten nebo onen nedostane to, co chce, tak rozhovor většinou končí, protože tok informací nebyl uspokojivý.

5. STAVEBNÍ KÁMEN
GENEROVÁNÍ KONTAKTŮ

Poté co byla provedena výměna informací a rozhovor proběhl pozitivně, jde o to, celou věc uzavřít.

Řekněte oslovenému co s ním máte v úmyslu. To může být třeba:

- Měl by se dostavit k přijímacímu pohovoru
- Rádi byste s ním šli na kávu
- Měl by navštívit vaši online prezentaci

My chceme telefonní číslo, proto musíme položit závěrečnou otázku. Přímo říct něco jako „dej mi tvoje telefonní číslo, zavolám ti," není jistě nejelegantnější, ale úspěšné.

Profesionálnější možnost jak obdržet telefonní číslo je následující:

Kontaktér: „Co kdybychom šli jednoduše spolu na kávu a já Vám přesně vysvětlím, o co jde. Dám vám moji vizitku".

Předání vizitky.

Kontaktér: „ Máte také Vaší vizitku?"

Oslovený: „ano/ne"

Když ano, vezměte si ji, když ne, řekněte:

Kontaktér: „Napíšu si Vaše jméno, abych věděl s kým jsem mluvi." Napsání jména.

Kontaktér: „Nejspíš Vás zastihnu na mobilu, že? To je pak číslo nula....."

Oslovený: „ach, ano.....0171-3456xxx"

Tak jednoduše to funguje s čísly. Vytáhněte papír nebo vizitku a tužku a ukažte dotyčné osobě Vaše jméno na vizitce, nebo se sám představte. Když Vám dotyčný řekne jeho jméno, okamžitě si ho napište. Když ne, tak se zeptejte s kým jste mluvil, abyste věděl, kdo zavolá. Hlavní věc je nejdříve jméno.

Když znáte jméno můžete pokračovat další otázkou formou alternativní techniky:

Kontaktér: „Kde vás můžu nejlépe zastihnout, na pevné lince nebo na mobilu?"
Oslovený: „ na mobilu!"
Kontaktér: „OK to je číslo nula ...."
Po takové úvodní větě, doplní 9 lidí z 10ti celé telefonní číslo.

Ještě jedna věc: Dejte z ruky vizitku nebo telefonní číslo jen výměnou za číslo protější osoby. Někteří lidé namítnou, že z principu telefonní čísla nedávají. Jaký princip vůbec? Pak odpovězte jednoduše. V těchto případech Vám také z principu moje telefonní číslo neposkytnu.

Z našich zkušeností za dobu, kdy pracuji jako kontaktér je nulové procento lidí, které se po takovém hovoru ozvalo. Ponechejte si proto Vaše vizitky jen pro opravdové zájemce.

UKONČENÍ

Nyní máte v kapse telefonní číslo Vašeho potencionálního obchodního partnera. Tlak je pryč a Vy se můžete soustředit na přímé oslovení dalších osob. Ale nedělejte to! Výjimka je, když oslovený nebo Vy máte důležitý termín a není čas na prohloubení hovoru.

Mluvte s dotyčným ještě nějakou chvíli. Ptejte se a získejte od něj co nejvíce informací. Vždyť tato osoba se může stát Vaším nejúspěšnějším a dlouhodobým partnerem. Rozhodujícím faktorem je vzájemná sympatie!

Teprve poté se přátelsky rozlučte a poznačte si detaily k této osobě na papír nebo vizitku pro následující telefonní hovor.

PROBLÉM TĚŽKÝCH NOHOU

Když se překoná strach z prvních kontaktů a dostaví se první úspěchy, vyvstane u mnohých kontaktéru problém, který nazýváme „Problém těžkých nohou".

Ten přijde většinou, když se pohybujete a oslovujete výhradně na veřejnosti. Jestliže oslovujete například ve městě (sám nebo ve skupině), dávejte zvlášť pozor na jednu věc: jestliže jdete výhradně oslovovat, dělejte jen to a nic jiného. Berte to jako zábavu. Kupte si „Coffee to go" a bavte se s Vaším doprovodem.

Nezapomeňte ale, proč tam jste. Nepromarněte čas hovory, jaké to bude super, až budete na vrcholu své kariéry!

OSLOVUJTE LIDI, KTEŘÍ VÁS TAM MOHOU DOVÉST!

Snít a podléhat představám je jistě příjemné, ale v reálném životě Vás to neposune dopředu ani o centimetr.

Plánujte předem Vaši činnost a časové rozvržení a dejte se do toho. Když úspěšně dosáhnete počet hovorů, které jste si předsevzali, zbyde za normálních okolností dostatek času, který můžete využít pro jiné věci.

Často jsme mohli pozorovat celé skupinky „lovců kontaktů", kteří se pomalu loudají městem, nikoho neosloví a frustrovaně se vracejí do kanceláře.

Rainer von Massenbach vypráví:

Na svůj první úspěšný přímý kontakt si ještě velice dobře vzpomínám. Stál jsem v Mnichově před kinem a čekal s Tobiasem na jednoho obchodního partnera. Protože jsme měli ještě dost času, rozhodli jsme se ještě trochu se projít. Ale už po několika metrech vzalo naše předsevzetí za své. Stál tam ON: Úplně nový, lesknoucí se „bavorák". Značka BMW M3 byla tenkrát moje vysněná. Musím zdůraznit, že jsem byl tenkrát na začátku mé kariéry a byl závislý na veřejné dopravě. Můj jediný jezdící poklad, Ford Fiestu mé matky, jsem si mohl občas večer na krátké cesty vypůjčit. To mělo ještě nějaký čas trvat, než mi takové černé BMW smělo říkat „pane".

Tak jsem tam stál před tou naleštěnou karosérií na 4 kolech a už jsem se, vysoce motivován, viděl na sedadle řidiče. Ze snění mě vytrhnul dobře oblečený třicátník, který se blížil podél chodníku k mému žádostivému objektu.

Ležérně stiskl dálkový ovládač a otevřel dveře mého vysněného auta. V okamžiku, kdy chtěl nastoupit, troufnul jsem si a oslovil ho. „Promiňte prosím, ale tohle je mé vysněné auto! V jakém oboru pracujete, že si takové auto můžete dovolit?"

On, velice potěšen, se usmál. Pak přišla povodeň slov, kterým dodnes nerozumím. Já na to. „Výborně, hledám totiž právě takové lidi jako jste vy, osoby samostatně výdělečně činné a kteří již něčeho dosáhli".

On: „Dobrým obchodním nabídkám jsem vždy nakloněný. O co přesně jde?"

Já: „Máte u sebe vizitku?"

K mému štěstí se neptal dál, protože mi již při oslovení spadlo srdce do kalhot, a podává mi vizitku. Dal jsem mu svoji a rozloučil se slovy: „Přijďte ke mně do kanceláře a při šálku kávy Vám vše podrobně vysvětlím."

Tento kontakt mi zůstal dobře v paměti, protože to byl první člověk, kterého jsem oslovil, „naverboval" a doprovázel na naší vstupní akci.

Tobias Schloser popisuje užitečnost 2BEKNOWN - metody pro nejrůznější obchodní obory, jako je například - OSOBNÍ TRÉNINK:

Před nějakým časem jsem pomáhal kamarádovi při zřizování agentury pro osobní fitness. Největší úkol pro osobního trenéra je získání nových solventních klientů. Většina trenérů má neskutečně mnoho kvalifikací, ale ztroskotají na neschopnosti je na trhu uplatnit. Protože jsem svému kamarádovi již mnohokrát vyprávěl o postupu jednání pro získávání nových spolupracovníků pro pojišťovny atd., (například přímým oslovením) začal se o toto téma hodně zajímat a mimochodem se mně zeptal. „Tobi, co myslíš, je možné získat klienty na osobní trénink také metodou přímého oslovení?"

Protože jsem ze zásady optimista a věřím, že je všechno možné, odpověděl jsem spontánně: „Ano." V tomto momentě se na mě podíval a už jsem skoro slyšel otázku, kterou mi chtěl dát. „Ukážeš mi, jak bys to dělal?" Nyní jsem byl já na tahu a měl jsem nepříjemný pocit v žaludku, kdyby se nejednalo o opáleného, ale trochu silnějšího člověka, který na protější pumpě uspořádal velkou show při tankování svého žlutého lamborgini. Pomyslel jsem si teď nebo nikdy a řítil se ozbrojen vizitkou mého přítele k protější pumpě. Pozdravil jsem toho muže a řekl: „Nazdar, máte geniální auto, vlastně moje vysněné auto."

On: „Ano, je úplně nové."
Já: „Důvod proč jsem Vás oslovil je následující: zrovna jsem Vás s mým přítelem pozoroval a shodli jsme se na tom, že člověk, který jezdí takovým autem, nutně potřebuje osobního trenéra"... teď jsem se na něj usmál.
On: „Teda, to jste dobře odhadli, mám pár kilo navíc. Můj „job" stojí hodně času, pracuji jako podnikový poradce."
Já: „Tak takhle se vede většině lidem, ale co byste řekl takovému časově úspornému a efektivnímu osobnímu tréninku?"
On: „Já nevím."
Já: „Udělám Vám návrh. Popovídáme si nezávisle a já (v tomto případě můj přítel) Vám připravím speciální program. A za 6 měsíců padne tělo k autu."
Srdečně se zasmál: „No tohle se mi ještě nestalo".

Dal jsem mu vizitku a řekl. „Tady je vizitka mého kolegy" a ukázal na mého přítele. „Zavolejme si a zajděme si na kávu a můžeme vše podrobně projednat. Máte vizitku?" Vyhrabal z konzoly jeho žluté obludy vizitku a já byl obrovsky motivován. Sám jsem byl nadšený, jaké možnosti nabízí přímý kontakt pro nejrůznější obory. Tento muž trénuje dodnes jednou týdně pod profesionálním vedením a cítí se výrazně lépe, díky mému oslovení a profesionální péči mého přítele.

ČÁST 6

ZÁKLADNÍ PRAVIDLA PRO PRAKTIKUJÍCÍHO KONTAKTÉRA

MÍSTA DĚJE

Jedna z největších výhod přímého kontaktu je, že je možné ho praktikovat kdekoliv, kde jsou lidé.

Může to být na pěší zóně, na koupališti nebo v kavárně.

Můžete jít samozřejmě i do velkého nákupního střediska a tam lidi oslovit. Ale nezapomeňte kontaktovat lidi, kteří na Vás ve všedním životě pozitivně zapůsobí. Uvědomte si kolik lidí potkáte už jenom na cestě do práce, například ve veřejných dopravních prostředcích. V okruhu jednoho kilometru, jedno, kde zrovna jste (kromě toho, že jste zrovna sami na poušti Gobi), se pohybuje nejméně 100 lidí, které byste mohli oslovit.

PRVNÍ KONTAKT JE VŽDY NEJTĚŽŠÍ

Oslovit první osobu, je vždy ten nejtěžší úkol.

Ať je to na začátku učebního procesu nebo i později, když jste nějaký čas nikoho neoslovili, je i pro zkušeného uživatele přímé metody těžký úkol. Čím dříve oslovíte prvního, tím snadněji oslovite druhého, třetího.

Přistupujte k tomu jako k zahřívací fázi ve sportu. Pár lidí pro zahřátí a můžete to rozjet. Jako ve sportu, tak i v přímém kontaktu si musí člověk zvyknout na situace a vypěstovat si návyky. Opřete se vždy o 6ti stupňový program a začněte od začátku.

OSLOVIT PÁRY A SKUPINY

Oslovit páry nebo skupiny je úkol, který je vhodný spíš pro zkušené kontaktéry „verbíře". Důvod je ten, že máme co dělat se dvěma nebo více osobami, což vyžaduje profesionální způsob jednání. Tady se musí člověk zabývat buď jednotlivou osobou nebo celou skupinou.

U párů se musíme bezpodmínečně zabývat oběma. Partner většinou také rozhoduje o věcech, týkajících se povolání a nechce, aby byl přehlédnut. U párů ale relativně rychle zjistíte, kdo má doma slovo.

Časem si vypěstujete schopnost i pro tuto variantu a nebude Vám zatěžko oslovit více osob najednou.

„TY" NEBO „ VY"

To je otázka, na kterou si musí každý odpovědět sám. Nejen při přímém kontaktu, ale i při běžném obchodním jednání je důležitá jednotná linie. Zde existuje hodně názorů, že zde nelze vytvořit jednotné pravidlo.

Zásadně platí: kontakt pro strukturální přímý odbyt je velmi osobní (tak jako tento obchod sám) a proto je prováděn tykáním.

Jestliže rekrutujete v oblasti „vysokého potenciálu", to znamená vysoce postavené osobnosti, doporučuje se zde samozřejmě oslovení „Vy".

Rainer von Massenbach dává přednost tykání. Tobias Schlosser raději vykání. Pro jakou variantu se rozhodnete, necháváme na Vás a závisí jen a jen na Vašem osobním názoru a stylu, který způsob oslovení upřednostňujete.

NEVÁHEJTE

Na našich seminářích často zažijeme, že lidé vidí optimálního kandidáta pro svůj obchod, ale netroufají si jej oslovit. V nejhorším případě dotyčný projde kolem a oni zůstanou stát s otevřenou pusou.

Proto na Vás apelujeme: Troufněte si! Když uvidíte někoho, kdo vyhovuje vašemu profilu, oslovte ho!

Jestliže budete váhat Váš protějšek s obchodními záležitostmi konfrontovat, vraťte se o jeden stupeň zpátky. Využijte 6ti stupňový program a zeptejte se prostě dotyčné osoby na cestu do nejbližší kavárny. Jakmile se vyvine rozhovor, tak máte vyhráno! Pravděpodobnost, že oslovená osoba je právě pro Vás vhodný obchodní partner, vzrůstá s každým novým kontaktem.

ZPRACOVÁNÍ

Setkání by mělo probíhat uvolněně, ne křečovitě, vypadat jako by o nic nešlo. Jestliže se na někoho příliš upnete, je úspěch méně pravděpodobný, než když k němu dojde jakoby mimochodem.

Lidé milují individualitu. Poskytněte lidem pocit, že tento kontakt je něco zcela zvláštního. Žádný člověk nechce být obětí nějaké reklamní akce.

Tady hraje velkou roli Váš přístup. Kdo zvládá takové situace, někoho uvolněně oslovit přes rameno, působí mnohem suverénněji.

Zatímco Tobias Schloser kontaktuje raději osoby z boku přes rameno, Rainer von Massenbach nechává lidi kolem sebe projít a ze zadu je osloví. Stůjte při rozhovoru přímě a vyhněte se divokým gestikulacím.

SPOUSTA OTÁZEK

Jestliže jste dotyčnému popsali svůj obchod a on neprojeví zájem, existuje jedno pravidlo, na které si musíte dát pozor: je jedno jak nepříjemná nebo až arogantní je jeho reakce. Platí: nezdvořilost je zakázána!

Zůstaňte příjemným a probijte se k „nashledanou." Zastupujete podnikání, jste pověřen vybudovat velkou organizaci a tím máte také významný úkol, obhajovat dobrou pověst podniku. Můžete dělat co chcete, ale když padne jméno Vaší firmy, je Vaší povinností, jako její reprezentant, působit patřičným dojmem.

Většinou ale tato situace nikdy nenastane.   Běžně očekávejte pár zpětných otázek typu: „O co přesně jde?" nebo „V čem podnikáte?" „Jak to vypadá s penězi?", je jedna z nejčastějších otázek, na kterou byste nikdy neměli odpovědět čísly nebo výrokem jako „dvojnasobně než teď." To je naprosto neseriozní a nedůstojné.

Tady postačí většínou krátká věta: „Na ulici nemluvím o penězích. Dohodněme se na termínu v mé kanceláři. Jsem si jist, že se v tomto bodě shodneme."

Buďte připraven. Tyto otázky očekávejte. Převážně se opakují 3 nebo 4 typy otázek, které jsou z 90ti% stejné. A zbylých 10% je obdobných, podle oboru ve kterém pracujete.

VIZITKY NEBO CEDULKY

Odpověď závisí na vkusu každého z nás. Použiji ke kontaktování vizitku nebo napíšu si jeho číslo na kousek papíru?

To je otázka vkusu, závislá na druhu podnikání. Vyzkoušejte si to sami. Pokud nemáte žádné vizitky, kupte si nějaký malý trhací blok pro napsání telefonních čísel.

Nejdůležitější je tužka, abyste si mohli zapsat potřebné informace dotyčné osoby.

Další možnost je samozřejmě napsat si tyto údaje přímo do mobilu. To je také nejlepší řešení, když někoho spontánně kontaktujete a nemáte nic jiného při ruce. Zvolte si jednoduše tu variantu, která Vám nejvíc vyhovuje.

ŽIVOT SE ODEHRÁVÁ VENKU

Přímý kontakt se neodehrává u Vašeho počítače nebo ve Vaší kanceláři a také ne v této knize. Uskuteční se ve veřejném životě, s opravdovými lidmi, reálnými situacemi. Jen opakovaným tréninkem a cvičeními si získáte tuto schopnost.

ČÁST 7
NEPŘÍMÝ KONTAKT

ZÁKLADY K NEPŘÍMÉMU KONTAKU

U nepřímého kontaktu nejde o to, rychle mezi dveřmi získat telefonní číslo a pak hned zmizet. Jde spíš o to, lidi více poznat.

Obchod stojí nejdříve jasně v pozadí a samotný kontakt se má bez nátlaku, jako by sám od sebe vytvořit díky zajímavému rozhovoru a společným zájmům.

Každý známe tenhle nepřímý cizí kontakt a každému z nás se již určitě přihodilo. Ale tuto situaci úmyslně realizovat je to, o co nám v naší metodě jde.

Tato varianta se dá uplatnit všude tam, kde se lidé zdržují a tuto lokalitu v dohledné době neopustí. Může to být kavárna, diskotéka nebo předsálí kina.

VSTUP

Někoho nepřímo kontaktovat je podobné jako u přímého kontaktu. Potřebujete úvodní oslovení. To si můžete, ve srovnání s přímým kontaktem, rozmyslet. Dotyčná osoba je totiž přítomna déle. Tady se rovněž osvědčuje metoda, vyhledat osoby podle nějakých zvláštních znamení, předmětů či společných vlastností.

Když Rainer von Massenbach potká někoho s Apple-Computrem, upřednostňuje větu: „Oh, vy jste také milovník značky Apple?" Většinou se z této otázky vyvine rozhovor o této „Super značce."

Předpokládá se ovšem, že víte o čem mluvíte. Když však nemůžete najít společné a vhodné téma, použijte oslovení jako:

„Promiňte, můžu se Vás na něco zeptat?"

Nebo:

„Já jsem Vás teď posledních 5 minut pozoroval a ptal jsem se, co člověk jako Vy dělá?"

Jiná možnost se nabízí, chceme-li využít například oblečení osloveného a pochválíme mu hezký oblek či výrazný doplněk:

„Musím Vám udělat kompliment. Tahle kravata/oblek pasuje báječně k Vašemu typu. Odkud to máte, už dlouho něco takového hledám?"

Nebo:

„ Možná to bude znít divně, ale připadáte mi nějak povědomý. Nepracujete náhodou u firmy XY?"

Nebo:

„Nemáte náhodou vlčáka?"

Nebo:

„Byl jste na poslední akci XY?"

Klaďte jednoduše neobvyklou otázku, která by měla vzbudit u druhého zájem. Odpověď tady většinou zní: „Ne, proč?" Teď máte příležitost rozvinout rozhovor. Nechte si něco napadnout jako například:

„Vy vypadáte jako někdo, s kým jsem se bavil na posledním podnikovém večírku."

Nebo:

„Byl jsem nedávno v parku a tam mi jeden vlčák rozkousal fotbalový míč. Ten pán vypadal podobně jako Vy."

Nebo:
„Byl jsem na představení XY a myslím, že jste seděl přede mnou."

Jestliže se Vám podaří Váš protějšek rozesmát, máte vyhráno. Pak je úplně jedno, jak neomalené nebo bláznivé bylo Vaše oslovení.

Jestliže chcete potkat uvolněné lidi, tak si zajděte jednoduše do knihkupectví a nechte si od přítomných doporučit knihu k tématu XY.

Klíč k úspěchu je ve Vaší kreativitě. Když Vás napadne něco zvláštního a originálního, stanete se zajímavým a kontakty půjdou lépe od ruky.

Vyhledání a poznávání možností pro oslovení se časem stalo hlavní součástí našich seminářů.

JAK VÉST ROZHOVOR?

Uplatněte následující techniku při nepříjemných přestávkách či mlčení během rozhovoru. Během toho, kdy Váš partner něco vypráví, promyslete si další otázku k tomu, o čem se naposledy zmínil.

Například:

Kontaktér: „Jste mi nějak povědomý, neviděli jsme se už někde?"

Oslovený: „Já nevím?!"

Kontaktér: „V jakém oboru pracujete, třeba odtamtud?"

Oslovený: „Jsem grafik designer u firmy XY."

Kontaktér: „Aha, designer velmi zajímavé, jaká grafika?"

Oslovený: „Specializuji se na loga a na vizitky."

Kontaktér: „To je výborný obchod, vizitky potřebuje dnes každý, kdo chce vybudovat nějaký obchod. Jak se Vám líbí moje?"

Zpozoroval jste to? Teď musíte vyndat jen Vaši vizitku a vyčkat....

Pravidlo této techniky zní : Buďto položíte další otázku nebo vyprávíte něco k tématu, které bylo předtím řečeno.

Příklad:

Oslovený: „Pracuji u firmy Siemens"

Kontaktér: „Ach, Siemens, tam pracuje jeden můj přítel....."

Nebo:

„Ach Siemens, je to pravda, že ....?"

Trénujte to. Ze začátku to bude trochu nezvyklé, ale brzy získáte rutinu. Díky této „small-talk" technice k žádným nepříjemným přestávkám nedojde. Vy sám pak působíte zajímavěji a lépe získáte potřebné údaje.

Vytyčte si cíl každý den hovořit s 5ti lidmi bez toho, že něco prodáte či nějakou osobu naverbujete. Získejte prostě nové přátele.

ELEVATOR PITCH

Význam tohoto termínu najdeme v internetové encyklopedii Wikipedia. Termín „Elevator speech/Elevator pitch" znamená následující:

Elevator Pitch (nebo také Elevator Speech) je stručný přehled nápadu pro nový produkt nebo poskytováni služeb nebo projekt a znamená „prezentace ve výtahu". Toto označení pochazí z toho, že Pitch (obchodní rozhovor) může být proveden krátce po dobu jedné cesty výtahem (ca. 30 vteřin).

V 80tých letech využívali mladí, kariérou orientovaní prodejci, času jedné jízdy výtahem k přesvědčování svých nadřízených o svých žádostech.

Tento výraz je dnes užíván podnikateli, kteří tak prezentují své nápady a snaží se získat finanční prostředky od potenciálních sponsorů (například Venture Capitalists). Ti zhodnotí kvalitu tohoto nápadu a zakládající tým, často na základě kvality této Elevator Pitch, aby ihned nevyhovující nápady vyřadili.

Podstatné u Elevator Pitch je pronikavá prezentace myšlenkovými obrázky, srovnáními a příklady shodné s AIDA-formulí (Attention-Interest-Desire-Action). Právě v dnešní době časové tísně se používá stále častěji tato prezentace trvající 30 vteřin.

Pro úspěch jednoho Elevator Pitches neplatí jen data a fakta, rozhodující jsou emocionální oslovení. Při rozhodování rozlišujeme emocionální a racionální úroveň. Stejně tak jako ledová hora tyčí z 1/7 z vody a ze 6/7 je skryta pod vodou, reaguje vztah racionálního k emocionálnímu rozhodnutí, to znamená 1/7 k 6/7.

Dobrý pocit dosáhnete u partnera díky obrazové řeči, která vzbudí pozitivní asociace, řečí těla a hlasem.

Krátce: shrňte motivovaně svůj obchod jednou až dvěma krátkými větami a vyzvedněte jejich výhody.

Elevator Pitch u 2BEKNOWN je například následující:

„Naučíme Vás, jak se vždy a všude zábavně a na úrovni seznámíte s novými obchodními partnery!"

Mějte takový „ Elevator Pitch"   vždy po ruce. Pomůže Vám při navazování nových kontaktů.

UZAVŘENÍ NEPŘÍMÉHO KONTAKTU

Myslete na to: Jde o to, získat lidi! Zařaďte své potřeby na konec a nabídněte protihráči užitek (jestliže to je náhodou Váš produkt, tak je to přirozeně optimální cesta), dejte mu doporučení a pomozte mu jednoduše dál.

My říkáme vždy něco v tomto smyslu:

„Vyměňme si vizitky/telefonní čísla. Třeba se dlouhodobě vyvine společná myšlenka a spolupráce!"

Nebo:

„To co děláte Vy, zní velmi zajímavě. Ve svém oboru se setkávám s mnoha lidmi. Když něco uslyším nebo někdo bude něco takového potřebovat, tak se u Vás ohlásím."

Tady je důležité zdůvodnit, proč chcete jeho telefonní číslo nebo vizitku a jaké výhody tím získá.

Nepřímý kontakt je nejelegantnější cesta, jak vytvářet nové kontakty s lidmi a hned se na ně vázat. Udělat masový obchod z nepřímého kontaktu je samozřejmě nemožné. Přece jen jsou tyto kontakty hodnotnější a lehčeji použitelné, protože člověk hned nevstoupí do soukromí osloveného, nýbrž nejdřív vybudoval osobní kontakt.

VYLEPŠENÍ

Bez toho, abychom vybočili od tématu přímého kontaktu, máme pro Vás ještě důležitý tip, který vám po nepřímém kontaktu drasticky zvýší šance uskutečnit druhé setkání.

Napište příslušné osobě ještě tentýž den mejl a zdůrazněte, jak Vás tento příjemný rozhovor potěšil.

Takový mejl může vypadat následovně:

Předmět: náš rozhovor dnes odpoledne

Dobrý den pane XY!

Chci Vám poděkovat za velice příjemný rozhovor dnes odpoledne. Vždy mě potěší, když jsou lidi na stejné vlně jako já. K tomu mám nějaké body, které se týkají Vašeho obchodu a jsem si jist, že Vám mohu pomoci.

Přeji hezký večer.

Tajný tip: Doplňte do podnadpisu adresu Vaší internetové stránky.

A JAK TO POKRAČUJE

Kdy vnesete Váš obchod do hry, je Vaše rozhodnutí. Většinou se to stane samo od sebe a s trochou zručnosti vystihnete sami nejlépe ten nejvhodnější čas.

Rainer von Massenbach si vzpomíná na jeden zcela zvláštní přímý kontakt:

„V létě před třemi lety jsem seděl v Mnichově v jedné kavárně, pil ledovou kolu, vychutnával odpoledne a připravoval se na večerní mítink. Samozřejmě jsem měl oči i uši otevřené pro své nové potenciální kandidáty na kontaktování. Náhoda tomu chtěla, že si k vedlejšímu stolu přisedla mladá žena. Mohlo ji být tak ke třicítce, objednala si kávu a začala číst.

Hned mne upoutala její nápadná taška a tím jsem získal perfektní důvod ji oslovit. Ukázalo se, že byla úřednice a byla velmi, velmi nesmělá.

Dlouho jsme si povídali. Vyprávěla mi, že není z Mnichova a že je velice těžké se v takovém velkoměstě seznámit s novými lidmi. Protože mi byla velice sympatická a i pro můj obchod se mi jevila zajímavá, vyměnili jsme si telefonní čísla. Slíbil jsem jí, že se jí ozvu a seznámím ji s nějakými lidmi.

Několikrát jsme se sešli a díky častým příjemným rozhovorům jsem úplně zapomněl na můj obchod a její roli v této záležitosti (nikdy se nestala mojí spolupracovnicí). Naučil jsem ji odložit její ostýchavost a ukázal jí, jak má otevřeněji a lehčeji jednat s lidmi. A tak se mezi námi rozvinulo hezké přátelství. Tato mladá žena patří dodnes k mým blízkým přátelům. Mezitím získala zde v Mnichově mnoho přátel a známých a až budete tuto knihu číst, bude již určitě s jejím snoubencem (který mimochodem, patří k mým bezesporu nejlepším dodavatelům doporučení) zpátky ze svatební cesty.

Ale to nejneuvěřitelnější přijde jako vždy až na konec: Nikdy neuhodnete, kde se s ním seznámila – přesně v té kavárně, kde jsem ji tenkrát oslovil já."

ČAST 8
PRVNÍ KROKY

Až se začnete učit přímý kontakt 2BEKNOWN - metodou, tak to bude probíhat jako se vším, co každý z nás nově zkouší: na začátku se naučíte nejvíce a děláte velké pokroky, ale čím déle něco praktikujete, o to menší je zlepšení.

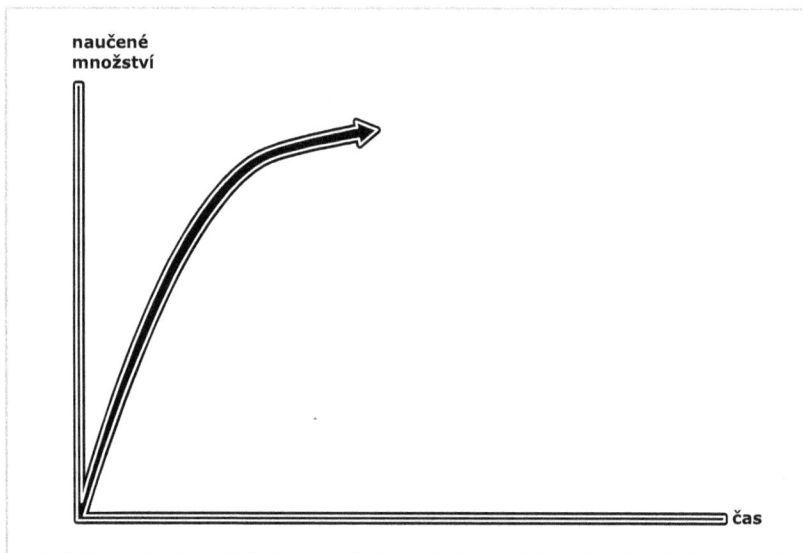

Obdobně je to s navazováním kontaktů. Z počátku si možná tolik nedůvěřujete někoho oslovit. Když tuto překážku překonáte, nemáte s navazováním kontaktů žádné problémy. V popředí se objeví otázka kvóty. Čím častěji lidi oslovíte, tím budete lepší. Na začátku docílíte v krátké době výsledky, abyste nakonec propilovávali techniku a sociální vzájemné působení, až se z vás stane velice efektivní kontaktér nebo chcete-li „lovec kontaktů". Konečný cíl by měl být, aby Váš „kontakto-vací sval" pracoval reflexivně.

Tato schopnost je k nezaplacení. Je nejen v obchodním, ale i v privátním rozsahu výborně použitelná a je garancí k úspěchu.

Mnoho kontaktérů a lidí na našich seminářích již po krátké době odloží strach a zažijí zcela nové možnosti.

Na přímém kontaktu je krásné to, že se hodí nejen pro distribuci, nýbrž pro každý obchod. Kdybyste se jednoho dne rozhodli v Itálii otevřít zahradní restauraci a ovládáte řeč, pak můžete tímto okamžitě navazovat nové kontakty, které Vám toto předsevzetí výrazně ulehčí.

UČEDNICKÁ LÉTA NEJSOU ŽÁDNÝ MED

Začátečník oslovuje v přímém kontaktu ze začátku lidi především proto, aby vylepšil jeho schopnosti a získal rutinu.

Nezkouší hned získávat obchodní partnery pro svůj odbyt a sbírat bezpočetná telefonní čísla. Mnohem víc tu jde o to, vypěstovat sociální kompetence a vlastní osobnost.

Nesmíte se výsledkům jednotlivých hovorů moc podávat. Je to spíš jako video hra. Když prohrajete, stisknete knoflík „start" a začnete od začátku. Jestliže dáte moc velký význam jednotlivým kontaktům, budete nervózní a tím nejistý.

Nejlepší stanovisko je:

„Na světě existuje 6 miliard lidí. No a co?" Na začátku jde o to, trénovat a mít z toho potěšení.

Protože vše se vyplatí. Po nějaké době tréninku, kdy budou Vaše kontakty profesionálnější a strukturálnější, můžete přímý kontakt využít, jak budete chtít. Pak si nebudete dělat žádné starosti ze zamítnutí nebo nepříjemných situací a budete jednoduše vychutnávat vzájemné sociální působení, seznamovat se s novými lidmi a obchodními partnery.

A tak budete mít automaticky nejlepší a nejúspěšnější náhled na věc s těmi nejlepšími výsledky.

Tlak vytváří vždy protitlak. Proto je nejlepší, nechat očekávání stranou. Neboť čím více se může člověk odpoutat, tím rychleji se dostaví výsledky.

Jednoho si buďte vědomi:

„Každý je získatelný. Ne však od každého a ne vždy!"
Tobias Schlosser

POPRVÉ A STÁLE ZNOVU

Ještě žádný učený z nebe nespadl. Naučit se přímý kontakt je podobné jako se naučit jezdit na kole. Na začátku to neumíte a nevíte co pořádně dělat.

Když pak trénujete a v oboru dál zůstanete, daří se stále lépe. Již po krátké době můžete odmontovat opěrná kolečka a ztotožnit se s postupem činnnosti.

Nemusíte již dále přemýšlet co máte dělat. Umíte jezdit do zatáček a víte, jak zvyšovat rychlost. Ze strachu vznikne radost a námaha se mnohokrát vyplatí.

Mějte odvahu a oslovujte lidi vždy a pořád znovu. Nejen Váš obchod, ale i Váš život se natrvalo pozitivně změní. Když budete schopni vždy a všude lidi kontaktovat, seznámíte se s mnoha báječnými přáteli a obchodními partnery, kteří Váš život obohatí.

Přeji Vám mnoho radosti a zábavy při učení této neobyčejné schopnosti.

Ať se splní všechny Vaše přání a sny.

Váš Alexander Riedl

SRDEČNÉ BLAHOPŘÁNÍ

Tak jste došli ke konci 2BEKNOWN kapesní příručky na téma přímý kontakt. Držíte v rukou ty nejlepší informace, taktiky, strategie a vedení, které jsme nabyli mnohaletou praxí a které Vám v této publikaci nabízíme.

Jsme skupina expertů, kteří chtějí dát i ostatním distributorům tuto fantastickou možnost využití získání nových spolupracovníků.

Jestliže koupíte tuto knihu, obdržíte k ní bezplatně případně aktualizaci příští verze, jakož i nové informace a mnoho víc.

Přihlašte se na náš Newsletter, abyste obdrželi bezplatné tipy a triky, jakož i nové informace na téma přímý kontakt.

Přejeme Vám naplněný život s velkým množstvím hodnotných kontaktů.

Váš Tobias Schlosser & Rainer von Massenbach

2BEKNOWN
KONZULTACE KONTAKTY STYKY

DODATEK

Nyní, když jste se seznámili s materiálem, ptáte se jistě, kde můžete získat více informací na toto téma.

Zde je, co Vám můžeme nabídnout:

-   Naši celkovou nabídku najdete pod:
    www.2beknown.de

-   Pro živé semináře neexistuje žádna náhrada. Náš termínový kalendář najdete na uvedené internetové stránce.

    Můžete navštívit náš seminář nebo seminář přímo pro vás nebo vaši firmu přizpůsobený – jako např. oslovení vysokých potenciálu pro váš finanční podnik nebo jak člověk získá v jednom dni 100 kontaktů.

-   Velmi oblíbené jsou také osobní konzultace. Jako vedoucí síla se může nechat zaškolit v osobním trénování na každé úrovni.

-   **Napište nám! Těšíme se na Vaši reakci, jak jste se stali úspěšní, jaké děláte pokroky a jak Vám můžeme dál pomoci. Zašlete nám email na: info@2beknown.de**

-   Jestliže zažijete napínavé příběhy, dovolte se nám na nich podílet.

Bibliografische Information der Deutschen Nationalbibliothek. Die Deutsche Nationalbibliothek verzeichnet diese Publikation in der Deutschen Nationalbibliografie; detaillierte bibliografische Daten sind im Internet über http://dnb.d-nb.de abrufbar.

ISBN 978-3-941412-15-6

Tiráž:

2bepublishing - 2be GmbH
Oskar-von-Miller-Ring 33
80333 Munich
Germany

www.2beknown.de

Autoři: Alexander Riedl, Rainer von Massenbach, Tobias Schlosser

Lektorát:
Český překlad: Jana Hartman & Salomea Hartman

Grafická úprava: www.phuongherzer.de

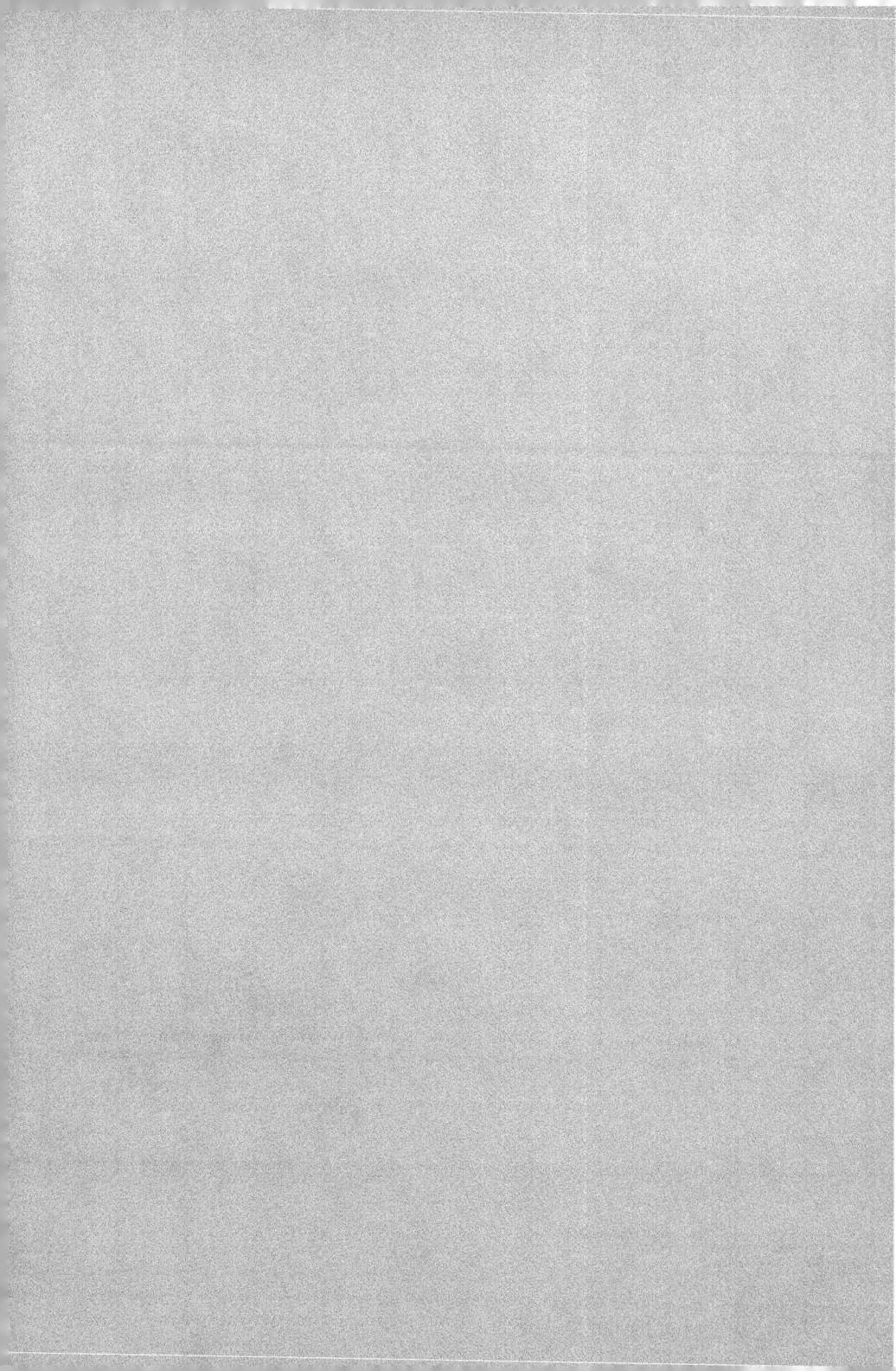

www.ingramcontent.com/pod-product-compliance
Lightning Source LLC
Chambersburg PA
CBHW061834220326
41599CB00027B/5277